Auxiliando a humanidade a encontrar a Verdade

Vovó Benta
e seus

Causos de Umbanda

Volume 2

CAUSOS DE UMBANDA

Volume 2

Outras histórias

Obra mediúnica inspirada
pelo espírito
Vovó Benta a médium
Leni W. Saviscki

© 2007
Leni W. Saviscky

CAUSOS DE UMBANDA – VOL. 2
Outras histórias
Vovó Benta

Todos os direitos desta edição reservados à
CONHECIMENTO EDITORIAL LTDA.
Caixa Postal 404
CEP 13480-970 — Limeira — SP
Fone/Fax: 19 3451-0143
www.edconhecimento.com.br
conhecimento@edconhecimento.com.br

Nos termos da lei que resguarda os direitos autorais, é proibida a reprodução total ou parcial, de qualquer forma ou por qualquer meio - eletrônico ou mecânico, inclusive por processos xerográficos, de fotocópia e de gravação — sem permissão, por escrito, do Editor.

Preparação de texto: Ideale Assessoria em Comunicação
Foto da capa: Edu de Paula
Projeto Gráfico: Sérgio Carvalho

ISBN 978-85-7618-123-1 — 1ª EDIÇÃO — 2007
• Impresso no Brasil • *Printed in Brazil*
• *Presita en Brazilo*

Produzido no Departamento Gráfico da
CONHECIMENTO EDITORIAL LTDA.
grafica@edconhecimento.com.br

Dados Internacionais de Catalogação na Publicação (CIP)
(Câmara Brasileira do Livro, SP, Brasil)

Benta, Vovó (espírito)
Causos de Umbanda - Vol. 2 : outras histórias/ obra mediúnica inspirada pelo Espírito Vovó Benta a médium Leni W. Saviscky. — 1ª ed. Limeira, SP : Editora do Conhecimento, 2007.

ISBN 978-85-7618-123-1

1. Carma 2. Exu 3. Mediunidade 4. Psicografia 5. Reencarnação 6. Umbanda (culto) I. Saviscky, Leni W. II. Título.

07-2733   CDD — 299.672

Índice para catálogo sistemático:
1. Mensagens psicografadas dos pretos velhos : Umbanda : Religião   299.672
Pretos velhos : Psicologia : Mensagens mediúnicas psicografadas : Umbanda : Religião   299.672

CAUSOS DE UMBANDA

Volume 2

Outras histórias

Obra mediúnica inspirada
pelo espírito
Vovó Benta a médium
Leni W. Saviscki

1ª edição — 2007

Ponto cantado de Vovó Benta

Vem chegando Vovó Benta
Benzedeira de Aruanda
Com seu galhinho de arruda
Vem benzer filho de umbanda

Ela traz no avental
Rosário e patuá
Pois sabe que no terreiro
Tem doente pra curar

Sabe que os filhos de fé
Estão aqui a lhe esperar
Lhe pedimos Vovó Benta
Venha pra nos ajudar

Se julgam atrasados os espíritos de pretos e índios, devo dizer que amanhã estarei na casa deste aparelho para dar início a um culto em que estes pretos e índios poderão dar sua mensagem e, assim, cumprir a missão que o plano espiritual lhes confiou. Será uma religião que falará aos humildes, simbolizando a igualdade que deve existir entre todos os irmãos, encarnados e desencarnados. E se querem saber meu nome que seja este: Caboclo das Sete Encruzilhadas, porque não haverá caminhos fechados para mim.

Mensagem repassada através do médium Zélio Fernandino de Moraes em 15 de novembro de 1908, data da fundação da umbanda em solo brasileiro.

A umbanda é uma religião absolutamente aberta que tem inúmeras diferenças de interpretação, que variam de região para região assim como de terreiro para terreiro. É com a ritualística que nos identificamos, ou não, num primeiro momento, mas devemos lançar um olhar mais profundo e examinarmos melhor os objetivos da Casa.

Para um terreiro poder se dizer de umbanda, lá deve haver amor, compromisso com o próximo, caridade abnegada, um trabalho constante de solidariedade, disciplina, respeito e estudo.

Iassan Ayporê Pery
Dirigente do CECP

Agradecimento

O meu eterno agradecimento à Vovó Benta, esse espírito cuja grandeza só pode ser avaliada pela caridade que espalha por onde passa e cuja bondade é mostrada pelo fato de se fazer tão simples, apresentando-se na vestimenta de preta velha.

Mesmo sendo evidente sua evolução, rebaixa-se vibratoriamente, ocupando este ainda tão imperfeito aparelho mediúnico, para amorosamente transmitir seus recados aos filhos da terra.

Obrigada pelo aprendizado, pelas lições, por tantas vezes secar minhas lágrimas e, principalmente, por me ofertar seu colo.

Salve, minha amada mãe preta.
A vossa bênção!

Leni W. Saviscki

Homenagem

Pessoas especiais merecem lugar especial em nossos corações e, embora estas sejam "tão" especiais que não precisem de homenagens para que suas estrelas continuem a brilhar, faço-o demonstrando meu amor, carinho e respeito a elas.

Ao sr. João e a Elzira de Almeida, meus primeiros mestres, alavancadores e incentivadores que me proporcionaram a oportunidade de, em sua Casa de Caridade e com seu exemplo, iniciar meu desenvolvimento mediúnico.

À Mãe Iassan Ayporê Pery, guerreira de Zambi, que amorosamente me acolheu em momento tão importante, realizando minha consagração na umbanda, e cujos ensinamentos e amparo me sustentam nessa árdua tarefa de dirigente.

Minha reverência e eterno agradecimento a esses pais-mestres com os quais Deus me presenteou nessa caminhada terrena.

Leni W. Saviscki

Sumário

Introdução 19
1. Umbanda não faz milagre. Faz caridade! 21
2. Em busca de fenômenos 24
3. Preconceito – um pecado mortal 29
4. Vovó Maria 37
5. A verdadeira psicologia 42
6. Grito do passado 47
7. Dois mundos – uma só vida 52
8. Mercadores do templo 61
9. Educar é limitar 64
10. Deixem que os mortos cuidem de seus mortos ... 71
11. Não dê peixe, ensine a pescar 76
12. Arquepadia 79
13. A luz e as trevas 85
14. A maior festa 90
15. Sete Saias 95
16. Nhô Benedito 100
17. Marca registrada 103
18. A imagem do Cristo 107
19. Entidade artificial 111
20. Quem tem ouvidos de ouvir 118
21. Perdoai as minhas ofensas 121
22. Operação resgate 128
23. Orai e vigiai 134

24. O rosário de Pai Terêncio 139
25. Voltando para ser feliz 142
26. Agacha as costas e trabalha... 148
27. Maria... Maria.. 150
28. Um padre no terreiro... 154
29. Cigana Sarita... 164
30. Os lobos estão soltos 171
31. Oferendando.. 175
32. Mensagem de fé – Negro Tião 180
33. Tributo à Vovó Benta 183

Introdução

Vovó Benta, essa sábia preta velha, continua contando seus causos e com eles contando a vida, por entender que cada filho de Deus, através da sua história, tem lições valiosíssimas. Comprometida em repassar ensinamentos, encontrou essa maneira de chegar até o coração daqueles que não os entenderiam de outra forma. Nem sempre uma resposta direta às dúvidas é o caminho, é o remédio. Há curvas em qualquer rio para que as águas se tornem mais mansas, bem como as montanhas existem para acalmar os ventos. Assim são os obstáculos em nossas vidas, assim nos chegam as lições a serem aprendidas.

Há maneiras diversas de se chegar ao topo de uma montanha, assim como há uma diversidade de caminhos para se chegar ao coração dos homens. Nesse momento, este espírito que nos escreve optou pelas lições simples vivenciadas dentro da umbanda.

Por intermédio de seus causos, Vovó Benta nos mostra a necessidade de desmistificar os equivocados conceitos com que foi sendo rotulada essa religião, devido, principalmente, aos erros dos homens na sua condução. É preciso sair da estagnação. É hora de movimentar as mentes e não se conformar mais com os achismos convencionais. Espiritualidade e médiuns unidos precisam mostrar a umbanda como ela realmente é, sem as máscaras que lhe impuseram.

Mostrar a simplicidade com que se revestem seus ensinamentos, mostrar que a umbanda, apesar de a fazerem enigmática, não tem mistérios, dogmas ou segredos. Ela é natural. Ela é a própria natureza na sua essência. É o cheiro das ervas maceradas que impregnam com seu perfume as mãos do médium e com as quais o guia incorporado retira miasmas condensados na aura do filho de fé. É a fumaça do braseiro que desintegra as energias nefastas do ambiente. É o rosário do preto velho feito com lágrimas de Nossa Senhora, é a psicologia simples da mãe preta. É o assovio do caboclo chamando os espíritos da mata para socorrer e curar. É a força justa do guardião que nos defende, direciona, ou carrega nos braços nas travessias perigosas da vida.

Umbanda se mostra na simplicidade da roupa branca e dos pés descalços. É a alegria de servir cantando, louvando os Orixás. É mente aberta. É o respeito por todas as crenças. É caridade incondicional. É como a mãe que ama o filho e por isso educa, acalenta, mas principalmente instrui.

Porém umbanda não é brincadeira, não deve servir de chacota nem de bengala. É coisa séria para gente séria. Umbanda não está aí para passar a mão na cabeça de quem não tem cabeça. Umbanda não é milagreira e não comercializa a fé ou a magia.

É nosso dever conhecer, estudar e, principalmente, esclarecer as pessoas sobre nossa religião para que possam diferenciar, não mais confundir e, sobretudo, respeitar.

Saravá, umbanda!
Saravá, Vovó Benta!

1
Umbanda não faz milagre. Faz caridade!

É fato comum chegarem aos terreiros pessoas extremamente deprimidas, adoentadas ou desesperadas pelo fato de não encontrarem em nenhum outro lugar o remédio para seus males. Já passaram por consultórios médicos, igrejas, milagreiros de todas as espécies. Em todos os lugares, foram deixando sua história registrada, acrescida de decepção e gastos financeiros além da conta.

Com a promessa e a busca de "milagres", pagaram dízimos ou oferendas, tentando terceirizar a solução de seus problemas ou de sua suposta "má sorte". E enquanto seu saldo bancário e sua fé diminuem, sua decepção e dor aumentam.

O local que não cobra pela caridade geralmente leva a fama de ser "muito fraco", pois infelizmente as pessoas ainda têm a falsa concepção de que "se não cobrar e bem cobrado, a coisa não funciona". Além disso, há os que necessitam vivenciar o "fenômeno" para que sua fé tenha fundamento. "Imagina... guia que fica só aconselhando, mandando rezar e mudar a maneira de pensar...".

Como bem fala o ditado popular: "só quando a água bate onde não deve é que se aprende a nadar". Assim, só como último recurso, no desespero total, é que eles batem à porta da umbanda. Mesmo descrentes, buscam o milagre, chorosos e vitimados pela vida. Ajoelham-se na frente do preto velho ou do caboclo e derramam lágrimas, dedilham rosários de reclamações, tentando convencê-los de que a culpa da desgraça é de todo mundo, menos deles próprios. Acolhidos com todo amor pelos guias de luz, não recebem promessa de milagre, apenas a exigência de uma gradual reforma íntima, aliada a mandingas que os limpam do lixo energético que conseguiram agregar ao longo do tempo. Saem dali bem melhores do que entraram, quase sempre voltam e aos poucos compreendem que o milagre estava dentro deles próprios.

Não faltarão nessa lista os que, após a melhora, voltam a freqüentar os bancos da igreja aos domingos, exibindo saúde e roupas novas. Quando não, transformam-se em carregadores de bíblia, passando a combater ferrenhamente aqueles por quem foram ajudados. Jamais vão admitir que um dia entraram num terreiro de umbanda – coisa do capeta.

O que será que os pretos velhos e caboclos pensam disso? Um dia desses fiz essa pergunta à Vovó Benta:

– Zi fia, nosso trabalho é a caridade e quem se dispõe a ela, esteja encarnado ou no mundo dos mortos, tem de saber que o "dar gratuitamente" sempre é motivo para darmos "graças" pela oportunidade de servir ao Criador, à sua obra. Ajudar esses filhos desnorteados é construir pontes entre o céu e a terra. Nunca podemos ou devemos esperar qualquer recompensa pelo bom serviço, a exemplo do Criador que distribui raios de luz ou gotas de água todos os dias a todos, bons e maus. O que cada filho fará com as dádivas recebidas só a ele cabe definir, escolhendo assim seu futuro. Sigamos fazendo o bem sem olhar a quem e façamos isso com a alegria de quem sobe os degraus para o céu, sem ter de pagar por isso com lágrimas ou moedas falsas. Lembre-se, filha, de que servir com alegria é servir duas vezes.

– Servir duas vezes?

– Sim, duas vezes. A você mesmo e ao próximo. Quando colocamos alegria e desprendimento, dissipamos qualquer possibilidade de nos machucarmos com nossa ação. Porém, o fazer por fazer ou para que as pessoas vejam que somos caridosos é um meio de ajudarmos aos outros sem, no entanto, estarmos com isso nos ajudando. O azedume que muitos "caridosos" carregam demonstra o quanto ainda sua caminhada é longa. Sem contar que pode ser um meio de captar para si as energias dos outros em vez de dissipá-las. Quanto aos filhos que viram as costas a quem os ajudou, não passam de espíritos infantis que precisam do pirulito para adoçar suas vidas, ignorando que um dia o doce chega no palito.

2
Em busca de fenômenos

"À espera dos bens do céu, o homem tem necessidade dos da Terra para viver; somente lhe recomenda não ligar a estes últimos mais importância do que aos primeiros."

Sentadinho no seu toco, afastado do médium que lhe deveria servir de instrumento encarnado, o preto velho deixava suas lágrimas rolar rosto abaixo. Observando calado, estava cansado e já esgotara seus argumentos junto àquele moço que usava o nome de seu protetor, para dar passagem à sua vaidade.

Depois de uma mediunidade reprimida por longos anos, o rapaz, que já havia passado por inúmeras Casas Espíritas, achou interessante o trabalho que se fazia nos terreiros de umbanda e resolveu assumir sua mediunidade – o que há tanto lhe pediam que fizesse. Entrou para o curso que a Casa oferecia, onde se pretendia educar os médiuns, disciplá-los para que se tornassem bons instrumentos. Mas, na verdade, o que lhe atraía mesmo eram os rituais, as incorporações, o toque dos atabaques... Depois de trabalhar como cambone por algum tempo, seu preto velho, feliz pela aceitação do aparelho, chegou e, por alguns anos, trabalharam em perfeita harmonia auxiliando os necessitados, exercendo a caridade tão útil e necessária para ambos.

Certo dia, um amigo o convidou para ir consultar uma tal de

"cigana" Flor[1] que, segundo ele, lia as mãos e também as cartas e desvendava o futuro de qualquer pessoa. Quando recebeu o convite, quase recusou, lembrando das palavras de seu protetor preto velho que sempre aconselhava os consulentes a evitarem buscar milagres fora de si mesmos. Porém, a curiosidade foi mais forte. Pagando para isso, ouviu da "cigana" o que queria ouvir para inflar seu ego. O local já instigava ao mistério, pois além do ambiente muito colorido, exalando um cheiro forte de incenso, ela mantinha amuletos variados dependurados pela "tenda", o que criava um certo temor nos visitantes. Muito bonita, vestia-se exoticamente e mantinha um sorriso teatral no rosto.

Além de muitas adivinhações de seu futuro, ela afirmou que o rapaz tinha um cigano como companheiro espiritual, com o qual deveria passar a trabalhar, e que isso lhe traria um sucesso material certo. Como tudo o que se afiniza conosco acaba encontrando ressonância em nosso ser, aquilo começou a incomodar a sua mente, tirando-lhe o sono. Passou a sonhar com dias propícios, com viagens e com bens materiais que, certamente, o emprego de simples funcionário público não lhe daria no futuro.

Durante o sono, o bondoso preto velho tentou arrancá-lo desse estado hipnótico. Seu esforço, porém, foi em vão, pois o rapaz retornou à cabana da cigana Flor e a cada dia sua energia se integrava mais com as entidades que lá estavam e cujo malefício ele ignorava. Daí em diante, pela faixa vibratória em que adentrara, tornou-se impossível a aproximação do espírito cuja missão era de reencaminhar aquele ser encarnado, tantas vezes falido.

---

[1] Alguns terreiros de umbanda trabalham com a linha cigana, cujos espíritos atuam no plano da saúde, do amor e do conhecimento, e possuem grande conhecimento magístico. O que não tem nada a ver com o caso exposto, em que a pessoa usava sua mediunidade para explorar monetariamente, sem amparo da Luz. Lembremos que os trabalhos de umbanda, seja de que linha for, serão sempre realizados dentro de um templo com a cobertura da Espiritualidade Superior, e jamais poderão ser cobrados valores por qualquer atendimento.

Continuando a freqüentar o terreiro de umbanda, o rapaz não se deu conta da diferença energética das vibrações que agora recebia. Hipnotizado e conduzido pelas entidades que buscou exercendo seu livre arbítrio, era agora seu escravo. Pensando dar passagem ao preto velho, na verdade estava sendo médium das trevas.

O dirigente da casa, orientado pelo seu guia, iniciou um chamamento de atenção à corrente mediúnica, esclarecendo sobre o perigo de cada um deles servir de "braço para as trevas" dentro do terreiro. Alertava sobre a fé racional e a importância de se evitarem os fenômenos em detrimento da simplicidade que deveria se revestir a caridade. Além disso, o guia-chefe, incorporado, por várias oportunidades chegou a pedir aos médiuns que estavam buscando outras bandas que tivessem o bom senso de escolher o lado que queriam seguir, para se evitar que a dor viesse como chamamento à realidade.

Indiferente, mesmo com a consciência pesada, ele prosseguiu qual animal em busca do corredor do matadouro.

Nessa noite, porém, por ordem dos superiores que mantinham a proteção daquele terreiro, seria dada uma chance àquele espírito orgulhoso que se fingia de preto velho e que agora se dizia mentor do rapaz. Ele seria instigado a desvendar a máscara, e assim se fez quando os atendimentos se encerraram. Por meio de preces cantadas e pontos riscados, foram feitos campos de força no plano astral, impedindo que aquele espírito pudesse sair livremente dali. Grudando-se ao médium, ele manifestou toda sua ira e o baixo nível em que se encontrava. Desafiou a luz e a direção da Casa, dizendo que ali entrava qualquer um, que se fazia o que queria e que ele iria se instalar com toda sua falange, para mostrar como se fazia magia de verdade.

Sob o comando de Ogum, os guardiões exus atuaram após a tentativa inútil de diálogo com a entidade, afastando-o do ambiente. O médium, por sua vez, após a desincorporação de seu "amigo", tentando se justificar, fingiu passar mal. Atuando em outro aparelho disponível, seu verdadeiro protetor agora manifestava-se para dizer a ele que, para sua tristeza, a escolha fora feita e que, pelas cores exaladas, seu corpo energético demonstrava que ele não estava arrependido do consórcio que fizera. A partir de então, liberava-o para seguir seu caminho e solicitava ao dirigente do terreiro que desligasse o médium da corrente, pois uma fruta podre pode estragar o cesto todo.

Indignado, o rapaz saiu do ambiente dizendo palavrões e impropérios a toda a corrente, demonstrando suas verdadeiras intenções e prometendo mostrar o poder que tinha. Seus afins espirituais o esperavam na rua e o instruíram a buscar naquele momento mesmo a cigana Flor.

Desequilibrado e sob a influência do mal, passou num bar para beber e, quando saía dali, já tonto, encontrou na porta aquela que se passava por cigana, acompanhada de seu atual namorado. Sem pensar muito, barrou a moça, agarrando-se em seu braço e pedindo para que ela fosse para casa atendê-lo. Por sua vez, o namorado da moça, o qual também estava em companhias espirituais nada recomendáveis, envolvido pela energia brutal dos mesmos, enciumado, virou-se e desferiu vários golpes contra o rapaz que, desacordado, foi levado ao hospital e não resistiu, desencarnando com lesão cerebral pelo traumatismo craniano sofrido.

Em tal estado vibratório, viu-se fora do corpo, sendo arrastado pelos "amigos" que fizera nos últimos tempos no lado espiritual e que, sabendo de sua mediunidade, agora o levavam como escravo para as zonas umbralinas mais densas.

Mais uma vez ocorrera a falência daquele espírito. Recebera nesta encarnação uma preciosa oportunidade através da mediunidade, mas se deixou levar pela vaidade, pelo orgulho, pelo materialismo e pela soberba. Sementes que trazemos adormecidas em nosso espírito se adubadas e semeadas na lavoura do bem, sufocam e matam as ervas daninhas que alí se encontram. A nós cabe a escolha de priorizar o bem ou o mal, sabendo que tudo na vida tem um preço a ser pago. Como poderia ter sido diferente sua história se ele apenas tivesse fé sem buscar os fenômenos e sem priorizar o mundo material.

Seu protetor preto velho atua ainda na umbanda através de outro instrumento que lhe faz jus, mas não se cansa de descer às zonas mais densas em busca do arrependimento de seu pupilo, pois sabe que um dia ele virá. Nova tentativa se fará, pois a essência de todo homem é o bem. O mal é máscara transitória que usamos para nos esconder de nós mesmos, uma vez que diante do Supremo somos todos transparentes. Sempre!

3
Preconceito – um pecado mortal

> "O bom médium não é, pois, aquele que comunica facilmente, mas aquele que é simpático aos bons espíritos."

A desordem já tomava conta da vida daquele menino. Crises e mais crises que eram diagnosticadas como "doença nervosa" e que os medicamentos não controlavam. Ele tinha apenas 15 anos de idade e, apesar de ter sempre um sorriso no rosto, demonstrando simpatia, não fazia amigos – nas raras ocasiões em que isso acontecia, eles logo se afastavam. Na escola, sentia-se isolado e diferenciado, tornando-se introspectivo e tímido.

Nem ele sabia por que certas coisas estavam acontecendo em sua vida, como também não sabia com quem esclarecer tantas dúvidas que o assaltavam. Desde pequeno, sentia-se diferente dos outros garotos. Não gostava de brigas e nem de jogos brutais e, apesar de se dar bem entre as meninas, nunca sentiu atração especial por nenhuma delas.

Sua mãe, dona Quitéria, pessoa humilde, sem instrução nenhuma, cansada de não receber respostas da medicina, socorreu-se com a vizinha que lhe indicou um terreiro de umbanda para que ela recebesse orientação espiritual. Apesar de sua crença católica, foi em busca de uma "solução".

Ao entrarem no terreiro, mãe e filho foram recebidos por

alguém que distribuía fichas de atendimento. Para um atendimento especial com "certos guias mais fortes", teriam de pagar certa quantia, para outros guias "menos fortes", outro valor e, para o atendimento de caridade, com os médiuns iniciantes, não pagariam nada, mas entrariam na fila que já se estendia fora da casa. Não tendo com que pagar nenhuma ficha especial, submeteram-se a aguardar na fila da caridade.

Os trabalhos iniciaram-se e, para quem não conhecia a umbanda, certos fenômenos que aconteciam em frente àquele congá assustavam. Incorporações barulhentas, alguns médiuns soltavam grunhidos, outros se contorciam, jogando-se no chão, tendo de ser socorridos por terceiros que gritavam mais alto ainda. Alguns gargalhavam muito alto e pronunciavam palavras que não combinavam com um ambiente, supostamente, de oração. Uma mulher de meia-idade, com pose insinuante, dançava em frente aos homens afagando-lhes o rosto enquanto soprava neles a fumaça de uma cigarrilha.

Após isso, desincorporaram e, mudando o som da curimba, agora recebiam espíritos de caboclos de forma menos espalhafatosa. Demorou mais de meia hora até que se organizassem e iniciassem o atendimento ao público. Primeiramente foram atendidas todas as fichas, depois os passes de caridade. À medida que desincorporavam os "guias fortes", aqueles que atendiam com fichas, seus médiuns reuniam-se num canto da sala para conversar descontraidamente, como quem diz: "Por hoje cumprimos nossa missão".

Quando chegou sua vez, dona Quitéria e o menino foram conduzidos em frente a um médium que se dizia incorporado por um caboclo. Após a saudação costumeira e o relato da situação pela mãe, ele falou:

– O problema é que o rapaz tem uma pomba-gira[1] grudada

---
[1] Pomba-gira: exu feminino, atuante como guardiã dos trabalhos espirituais, em sintonia com a Luz. Pode se manifestar de maneira sensual, mas nunca vulgar, bem

nele, por isso está ficando afeminado.

Ouvindo isso, os dois se entreolharam assustados e, aquilo que os fez esperar na fila, que era a esperança de uma solução para a doença do rapaz, tornava-se agora um diagnóstico terrível. A mulher sempre ouvira falar que pomba-gira seria uma espécie de espírito de prostituta que assediava os homens.

– Mas ele é apenas um menino e nem se meteu em nenhum antro de perdição, como pode isso? – indagou a mulher.

– Isso é carma herdado do pai, que morreu devendo muito nos cabarés...

A mulher, que nada entendia de carma, imaginou que fosse uma espécie de pecado mortal e acabou concordando, pois seu marido sempre fora danado mesmo.

O "dito" caboclo receitou banhos de descarrego, defumação com casca de alho e oferendas de encruzilhada para aquietar ou expulsar a suposta entidade obsessora. Além disso, sutilmente falou que se isso tudo não resolvesse era porque o caso era grave, e então eles poderiam procurar seu aparelho, fora do terreiro, o qual lhes faria um "trabalho" especial para resolver de vez o problema. Claro, isso custaria uma certa quantia em dinheiro.

Mãe e filho saíram do terreiro transtornados e assustados, mas decididos a não fazer nada pois sentiram algo de estranho naquilo tudo.

– Filho, vamos fazer uma promessa para Nossa Senhora

---

como, não realiza trabalhos de amarração no amor ou de ordem sexual.
"Não existe isso de que exu tanto faz o mal como o bem e que depende de quem pede. Isso simplesmente não tem lógica alguma. Se não concorda me responda o seguinte: Como Orixá iria 'colocar' exu como guardião se ele não fosse confiável? Se ele se 'vendesse' por um despacho, por cachaça, bichos, velas e outros absurdos que vemos nas encruzilhadas?
Além do mais, exu não é idiota. Se até uma criança sabe o que é 'certo' e o que é 'errado' exu não vai saber?
Exu e pomba-gira são espíritos em busca de evolução e compromissados com a espiritualidade superior. Vale o cuidado, pois tem obsessor que se faz passar por exu e pomba-gira. E a culpa é de quem? Dos médiuns trapaceiros que usam a sua mediunidade a serviço do astral inferior." Iassan Ayporê Pery, em: http://www.caboclopery.com.br/exu_na_umbanda.htm

Aparecida e ter fé que você vai melhorar.

Mas o menino estava tão desesperado com sua situação que agora ele próprio suspeitava que tivesse tendências homossexuais, por isso resolveu que voltaria na semana seguinte e compraria uma ficha com um "guia forte". Ele haveria de dar as respostas que procurava. Durante a semana, no entanto, uma amiga, intuída por seu protetor, convidou-o para ir rezar "num lugar bem legal". Tratava-se de outro centro de umbanda. Ao chegar ao local, ele pôde observar que era bem diferente do anterior.

Um congá simples, onde os elementos eram representados em cima de uma toalha branca, com Oxalá na parede, ao alto, sincretizado na imagem de Jesus. Foram recepcionados por duas senhoras simpáticas que lhes explicaram que o atendimento era todo gratuito, sem cobrança alguma e nem distinção de guia. Os trabalhos de abertura iniciaram com orações de toda a corrente de médiuns que, em plena harmonia com o coral, cantavam pontos ao som de dois atabaques, numa cadência que instigava a assistência a cantar também. Era dia de gira de preto velho e, assim que iniciaram as incorporações, percebia-se o equilíbrio dos médiuns que, sem alarde, conectavam com a energia de seus protetores e guias e, após as saudações, colocavam-se em seus lugares.

Ao silenciar os pontos cantados, o guia-chefe manifestou-se saudando a todos e deixando uma mensagem em que falou das dores da alma e cujas palavras pareciam ser endereçadas àquele menino que os visitava pela primeira vez.

Logo em seguida, iniciou-se o atendimento e, quando o cambone o encaminhou até a frente do preto velho, ele já estava se sentindo tão bem que nem sabia mais se precisava das respostas. Sua alma vibrava uma paz muito grande e também uma alegria, uma vontade de estar lá junto aos médiuns, exercendo a caridade, embora ainda não compreendesse bem o significado de muitas coisas.

— Salve, zi fio!, saudou o preto velho, que pitava um cachimbo.

— Salve! , respondeu, tímido, o rapaz.

— Suncê zi tá afogado nos medo, num é, zi fio?

— Estou com medo de que eu não... não... não seja como os outros... o senhor me entende?

— Ih, ih... zi, por que esses pensadore, zi fio?

— É que sou diferente, penso diferente e, além do mais, fui num terreiro e o guia me falou que tenho uma pomba-gira, mas isso é coisa de mulher.

O preto velho, balançando a cabeça, benzia com um galho o peito do menino para desafogar aquela angústia toda.

— Zi fio, nego véio vai fazê o faladô com a língua de zi fio e vai zispricá o que zi tá acontecendo.

E com seriedade e voz firme, a bondosa entidade passou a explicar para aquele menino assustado que sua suposta doença tratava-se apenas de uma missão mediúnica que desabrochava à medida que ele crescia, a qual precisava de orientação e educação para depois um trabalho na caridade ser iniciado. Explicou o que era a vibração ou entidade chamada pomba-gira, desmistificando a imagem errônea que haviam lhe passado. Chamando o cambone, solicitou que o inscrevesse no curso, cujo tema era mediunidade e umbanda, que seria ministrado naquele terreiro.

Ao sair dali, parecia que haviam lhe tirado um peso enorme das costas, por ouvir do preto velho, cuja índole, pelo fato de ele ser um espírito já bastante evoluído, não comportava atitudes grosseiras e machistas, próprias de quem ainda carrega muita animalidade consigo. Mais sutilizado, seu espírito buscava a companhia do sexo feminino por achar entre as mulheres a meiguice que se compara aos espíritos elevados. E complementando sua alegria, o preto velho lhe afirmava que havia sim uma pomba-gira que ansiava por sua educação mediúnica para poder com ele trabalhar, reequilibrando os desequilibrados, pois, independentemente do sexo do médium, as entidades se manifestam dentro de uma necessidade ou de uma missão que se adequa a ambos.

A partir daquele dia, ele nunca mais foi acometido das ditas crises de nervos. Freqüentando aquele centro de caridade e educando sua mediunidade, logo se integrou na corrente, a pedido de Pai Joaquim. Como cambone, auxiliava e aprendia com os espíritos amorosos que ali vinham prestar a verdadeira caridade.

Com o tempo, harmoniosamente suas entidades foram equilibrando o aparelho e, uma a uma, manifestavam-se, até que, certo dia, sentiu uma vibração diferente e muito forte. Segurou o quanto pôde aquela energia que inevitavelmente explodiu numa gargalhada e num rodopiar do seu corpo, completando ali a incorporação. Sua amiga pomba-gira havia chegado. Sem maiores alardes, sem gestos obscenos, ela passou a trabalhar com o aparelho que agora estava pronto para tal. Sua gargalhada habitual apenas representava o mantra por ela usado, que, através do som, era no astral um agente transmutador de energias pesadas agregadas aos corpos dos filhos tratados.

No final dos atendimentos de caridade daquele dia, Pai Joaquim manifestou-se em seu aparelho para um esclarecimento necessário à corrente mediúnica:

– Que o grande Zambi abençoe todos os filhos! Este negro velho que ronda por muitos terreiros e que nas idas e vindas da carne já viu e ouviu de tudo um pouco, foi aprendendo que os preconceitos que ainda estão cristalizados na mente dos homens são os maiores entraves para a evolução dos mesmos.

Falam muito de "pecado" e até convencionaram o que é pecado, mas poucos sabem que pecar é contrariar ou agredir a lei. O que será que as pessoas fazem ao discriminar quem quer que seja? Quantos filhos traumatizam, se auto-rejeitam e sendo isolados da convivência social, chegam a tirar a vida do corpo pelo preconceito sofrido, quando apresentam qualquer atitude que escape do convencional? Todos nós fomos feitos à imagem e semelhança do Pai, mas isso não quer dizer na aparência exterior. Carregamos uma centelha divina e isso nos faz iguais, mas habitamos em espírito um corpo que apresenta em cada existência terrena uma personalidade e isso nos diferencia, nos faz únicos. Respeitar essa diferença é respeitar a Lei, a divindade. Por outro lado, esse negro velho fica entristecido com o que andam fazendo com a sagrada umbanda. As distorções de que os homens são capazes, na tradução da palavra "caridade", extrapolam a nossa capacidade de entendimento. Quando rebaixamos nossa vibração e elevamos a do médium para que nesse encontro se dê a passagem da entidade espiritual no plano físico, o fazemos por ordem suprema e agimos dentro de uma lei superior, regida pelo amor. Impossível o fazermos fora da ordem e da meta de amparo aos filhos de fé necessitados de auxílio. Quando a desordem comanda uma reunião em qualquer templo independentemente do rótulo usado, quando os egos se manifestam, sobrepondo-se à simplicidade, ao amor e à humildade, isentando-se da verdade, quando não se define o que é caridade e rola por entre os dedos o vil metal, quando não se sabe ainda diferenciar a mão direita da esquerda, sinto muito, meus filhos, mas ali não existe vibração adequada para a luz adentrar. É da Lei!

    Abençoando a todos, estalou seus dedos, emanando faíscas de luz que agiram limpando o local dos miasmas ainda existentes. Saravou as Sete Linhas da umbanda e largou seu aparelho, deixando em todos uma sensação de paz.

As luzes do terreiro se apagaram na parte física, mas no astral reluzia sempre naquele ambiente o brilho da caridade.

4
Vovó Maria

"A ingratidão é um dos frutos mais imediatos do egoísmo; revolta sempre os corações honestos."

Vovó Maria fumegava seu pito e batia seu pé ao som da curimba enquanto observava o terreiro, onde os cambones movimentavam-se atendendo aos pretos velhos e aos consulentes. Mandingueira, acostumada a enfrentar de tudo um pouco nos trabalhos de magia, sabia perfeitamente como o mal agia tentando disseminar o esforço do bem.

Sob variadas formas, as trevas vagavam por ali também. Alguns em busca de socorro; outros, mal-intencionados, debochavam dos trabalhadores da luz. Muitos chegavam grudados no corpo das pessoas, qual parasitas sugando sua vitalidade. Outros, por sobre seus ombros, arqueando e causando dores nos hospedeiros, ou amarrados nos tornozelos, arrastavam-se com gemidos de dor. Fora os tantos que eram barrados pela guarda do local, ainda na porta do terreiro e que, lá de fora, esbravejavam palavrões.

Da mesma forma, o movimento dos exus e outros falangeiros se fazia intenso no lado astral do ambiente, para que, dentro do merecimento de cada espírito, pudessem ser encaminhados.

Uma senhora com ares de madame se aproximou da preta

velha para receber atendimento. Vinha arrastando uma perna que mantinha enfaixada.

– Saravá, filha – falou Vovó Maria, enquanto desinfetava o campo magnético da mulher com um galho verde, além de soprar a fumaça do palheiro em direção ao seu abdome, o que fez com que a mulher demonstrasse nojo em sua fisionomia.

Fingindo ignorar, a preta velha, cantarolando, continuou a sua limpeza. Riscando um ponto com sua pemba no chão do terreiro, pediu que a mulher colocasse sobre ele a perna ferida.

"Será que não vai pedir o que tenho?", pensou a mulher, já arrependida por estar ali naquele lugar desagradável. "Vou sair daqui impregnada por estes cheiros!"

Vovó Maria sorriu, pois captara o pensamento da mulher, mas preferiu ignorar tudo isso. O que a mulher não sabia era a gravidade real do seu caso, ou seja, aquilo que não aparecia no físico. Se ela pudesse ver o que estava causando a dor e o inchaço na perna, aí sim, certamente ficaria muito enojada. Na contraparte energética, abundavam larvas que se abasteciam da vitalidade do que já era uma enorme ferida e que breve irromperia também no físico.

Além disso, uma entidade espiritual, em quase total deformação, mantinha-se algemada à sua perna, nutrindo, assim, essas larvas astrais. Para qualquer neófito, aquilo mais parecia um cadáver retirado da tumba mortal, inclusive pelo mau cheiro que exalava.

Com a destreza de um mago, a preta velha sabia como desvincular e transmutar toda essa parafernália de energias densas, libertando e socorrendo a entidade escravizada a ela. Feitos os devidos "curativos" no corpo energético da mulher, Vovó Maria, que à visão dos encarnados não fez mais que um benzimento com ervas e algumas baforadas de palheiro, dirigiu-se agora com voz firme à consulente:

– Preta Velha até aqui ouviu calada o que a filha pensou a respeito do seu trabalho. Agora preciso abrir minhas tramelas e puxar sua orelha.

Ouvindo isso, a mulher afastou-se um pouco da entidade, assustada com a possibilidade de que ela viesse mesmo a lhe puxar a orelha.

"Escutou o que pensei? Ah, essa é boa. Ela está blefando comigo.", pensou novamente a mulher.

– Se a madame não acredita em nosso trabalho, por que veio aqui buscar ajuda? Filha, não estamos aqui enganando ninguém. Procuramos fazer o que é possível, dentro do merecimento de cada um.

– É que me recomendaram vir me benzer, mas eu não gosto muito dessas coisas...

– ...e só veio porque está desesperada de dor e a medicina não lhe deu alento, não foi filha? – complementou a preta velha.

– Os médicos querem drenar a perna e eu fiquei com medo, pois nos exames não aparece nada, mas a dor estava insuportável.

– Estava? Por quê, a dor já acalmou?

– É, agora acalmou, parece que minha perna está amortecida.

– E está mesmo, eu fiz um curativo.

A mulher, olhando a perna e não vendo curativo nenhum, já estava pronta para emitir um pensamento de desconfiança quando a preta velha interferiu:

– Vá para sua casa, filha, e amanhã bem cedo colha uma rosa do seu jardim, ainda com orvalho, e lave a sua perna com ela, na água corrente. Ao meio-dia o inchaço vai sumir e sua perna estará curada.

Não ousando mais desconfiar, ela agradeceu e já estava saindo quando a preta velha a chamou e disse:

– Não se esqueça de pagar a promessa que fez pra Sinhá Maria, antes dela morrer...

Arregalando os olhos, a mulher quase enfartou e tratou de sair daquele lugar imediatamente.

O cambone, que a tudo assistia calado, não agüentando a curiosidade perguntou que promessa foi essa.

– Meu menino, o que nós escondemos dos homens fica gravado no mundo dos espíritos. Essa filha, herdeira de um carma bastante pesado por ter sido dona de escravos em vida passada e, principalmente, por tê-los ferido a ferro e fogo, imprimindo sua marca na panturrilha dos negros, recebeu nesta encarnação, como sua fiel cozinheira, uma negra chamada Sinhá Maria. Esse espírito mantinha laços de carinho profundo pela madame desde o tempo da escravidão, quando foi sua "Bá" e, por isso, única poupada de suas maldades. Nessa encarnação, juntaram-se novamente no intuito de que a bondosa negra pudesse despertar na mulher um pouco de humildade, para que esta tivesse a oportunidade de ressarcir os débitos, diante da necessidade que surgiria de auxiliar alguém envolvido na trama cármica. Sinhá Maria, acometida de deficiência respiratória, antes de desencarnar solicitou à sua patroa que, na sua falta, assistisse seu esposo, que era paraplégico, faltando-lhe as duas pernas. Deixou para isso todas as suas economias de anos a fio de trabalho e só lhe pediu que mantivesse com isso a alimentação e os medicamentos. Mas na primeira vez que ela foi até a favela onde morava o homem, desistiu da ajuda, pois aquele não era o seu "palco". Tratou logo de ajustar uma vizinha do barraco, dando-lhe todo o dinheiro que Sinhá havia deixado, com a promessa de cuidar do pobre homem. Não é preciso dizer que rumo tomaram as economias da pobre negra; em pouco tempo, para evitar que ele morresse à míngua, a Assistência Social o internou em asilo público. Lá ele aguarda sua amada para buscá-lo, tirando-o do sofrimento do corpo físico. Nenhuma visita, nenhum cuidado especial. A madame se havia "esquecido" da promessa. Eu só fiz lembrá-la para que não tenha que voltar aqui com as duas pernas inválidas. A Lei só

nos cobra o que é de direito, mas ela é infalível. Quanto mais atrasamos o pagamento de nossas dívidas, maiores elas ficam. Por isso, camboninho, negra velha sempre diz para os filhos que a caridade é moeda valiosa que todos possuímos, mas que poucos de nós usam. Se não acordamos sozinhos, na hora exata a vida liga o "desperta-dor" e, às vezes, acordamos assustados com a barulheira que ele faz... eh, eh, eh... Entendeu, meu menino?

— Sim, minha mãe. Lembrei que tenho de visitar meu avô que está no asilo...

Sorrindo e balançando a cabeça a bondosa preta velha falou com seus botões:

— Nega véia matô dois coelhos com uma cajadada só... eh, eh...

E, batendo o pé no chão, fumando seu pito e cantarolando, prosseguiu ela, socorrendo e curando até que, junto aos demais, voltou para as bandas de Aruanda.

5
A verdadeira psicologia

"Os espíritos simpáticos são aqueles que se ligam a nós por uma certa semelhança de gostos e tendências."

Enquanto a preta velha passava o galho de arruda em suas mãos, exalando o perfume forte da erva amassada que se misturava ao cheiro de fumo queimado de seu palheiro, Maria Rita se perguntava o que estava fazendo ali, se nem fé ela tinha mais. Viera até o terreiro de umbanda convidada pela sua prima, a qual acreditava fielmente que os pretos velhos iriam iluminar sua mente atordoada.

A princípio aceitou, mas, chegando naquele ambiente demasiadamente humilde para seu padrão de vida e vendo aquelas pessoas que se aglomeravam na assistência em busca de um atendimento, na sua maioria gente simples e sofrida, cujos olhos brilhavam ao soar dos atabaques, percebeu que ali não era seu lugar. Sua fé ou era demasiada pequena ou sofisticada demais para acreditar naquilo tudo, que mais lhe parecia uma peça teatral.

Psicóloga, achava-se terapeuta das almas, cuja metodologia trazida dos bancos universitários, bem como o diploma na parede, dava-lhe a sensação de superioridade diante daquela gente ignorante e pobre que por falta de recursos e de instrução, se obrigava a ter como bengala uma religião.

Mas a ciência em que tanto acreditava já havia lhe tirado as esperanças de gerar o filho tão desejado. Todos os tratamentos nas melhores clínicas do país já haviam sido procurados e, embora não houvesse nenhum problema físico constatado, nem nela nem no marido, a gravidez não acontecia. Por duas vezes tentou a inseminação artificial, e até essa falhara.

– Zi fia tá zi muito desconfiada, num é?

Assustada, despertou de seus pensamentos e tentou disfarçar a contrariedade, ao que a preta velha, amorosamente segurando suas mãos entre as dela, afirmou:

– Negra velha sabe que a filha está com o coração apertado e que, por várias noites, chora de tristeza por não poder parir um filho de seu ventre.

– Como a senhora sabe disso?

– Porque negra velha está lendo isso na sua história filha, que está impressa na grande tela universal, como a história de todos os filhos de Deus está. Por Sua infinita bondade, Ele nos permite esse acesso para poder ajudar aqueles que têm necessidade e, acima de tudo, merecimento. Mas quero esclarecer para a filha que isso não significa "adivinhatório" e, sim, uma ferramenta de auxílio. O ventre de uma mulher é templo sagrado para onde o Criador envia espíritos necessitados de um corpo carnal. É ali que, num verdadeiro milagre, juntam-se células para formar uma nova vida, uma nova história. É como se Ele lançasse uma semente para brotar no solo, precisando ela ser regada pelo sentimento de amor. Mas nem sempre a semente encontra solo fértil, uma vez que a falta de cuidados com este solo no passado pode ter deixado a erosão levar embora seus nutrientes. Assim, mesmo que agora seja regada pelo amor, a sementinha perece. São esses ventres que no passado não permitiram que brotassem as sementes a ele lançadas, embora fossem férteis. Ou, se as deixaram nascer, não regaram a semente com a água do amor, levando a plantinha à morte.

A essa altura do monólogo da preta velha, a mulher deixava as lágrimas escorrerem pelo seu rosto. E, em poucos minutos, a angústia que estava congestionando seu peito transformou-se em um soluço quase convulsivo, levando seu corpo todo a estremecer. Acarinhada pela preta velha, ela esquecia sua posição social, sua empáfia toda, e se despia do orgulho, deixando que a bondosa entidade a aconchegasse contra o peito, num gesto maternal. Nem ela sabia o quanto estava carente desse amor desinteressado e fraterno.

– Chore, filha. Deixe que suas lágrimas lavem sua alma.

Quando a mulher se acalmou, a preta velha continuou:

– A filha tem amor e boa vontade para receber no seu lar os filhos que Deus lhe der. Então, filha querida, deixe que outros ventres que podem parir tragam até você esses espíritos para que possa regá-los e deixá-los crescer com seu amor e cuidado.

– A senhora fala de adoção?

– Isso mesmo. E negra velha explica para a filha que nada no Universo acontece sem o conhecimento e a permissão do Grande Pai. Toda criança que chega até um lar, seja através de quem for, tem fortes ligações cármicas com aquela família. Os seus filhos já estão a caminho e só o que falta é que você e seu companheiro os aceitem, mesmo paridos por outro ventre.

Um tanto assustada, a mulher secou as lágrimas e falou:

– Mas adotar é complicado...

– Complicado, minha filha, é abandonar. Adotar é restaurar a oportunidade de sermos pais sem parirmos, assim como Deus. Abra sua mente para essa possibilidade. Não lhe falta nada para receber esses filhos. Pense, reflita e deixe que seu coração decida.

Abençoando-a, a preta velha beijou as mãos daquela mulher que há pouco havia entrado ali envolvida numa nuvem escura, criada por sua tristeza e seu orgulho, e que saía agora com luzes de esperança a iluminar seu rosto que serenava.

Nos dias que se seguiram, apesar do envolvimento com seu trabalho, a idéia de adoção foi tomando vulto, e o que lhe parecia uma coisa fora de cogitação agora era pensada com muito carinho.

Certa manhã, a pedido de uma amiga, atendeu uma senhora enviada pela Assistência Social, grávida e com um sério problema depressivo. Na entrevista com a paciente, soube que a mesma era muito pobre, já tinha mais cinco filhos e que o marido a abandonara depois que engravidou novamente. Como se não bastasse, esperava por gêmeos.

O coração da psicóloga amoleceu diante de tamanha dor e, inevitavelmente, as palavras da preta velha ressoaram em sua mente. Tratou com um carinho incomum aquela paciente e, em uma das consultas, pôde perceber o medo que ela tinha em receber mais duas crianças para se somar à sua miséria. Sem pensar duas vezes, perguntou-lhe:

– Você não quer me dar estes dois bebês para que eu os crie? Eu não posso ter filhos...

– Meu Deus, obrigada!, foi tudo o que conseguiu responder no meio do pranto que a abatia. Abraçando a psicóloga, continuou:

– Pedi tanto a Deus que um anjo de bondade me fosse enviado e pudesse assumir esses filhos que são meus, mas que as circunstâncias me impedem até de desejar. Que alívio a senhora me dá, pois serão menos dois a passar necessidade.

Passados dois meses, o lar da psicóloga recebia duas lindas meninas, cujo chorinho enchia a casa de vida. Por elas esperava um lindo quarto decorado com tudo que há de melhor e mais bonito – mas, sobretudo, esperavam dois corações ansiosos e decididos a lhes dar muito amor.

Não havia como não levar as gêmeas até a preta velha para sua bênção e para um agradecimento.

– Salve, zi fia. Dizem que morto não chora, mas nega véia mesmo aqui no mundo dos mortos se emociona diante da grandeza de que é capaz o amor de nosso Pai, que permite endereçar a cada filho, na hora certa, o presente adequado. Flores que foram abandonadas outrora, que murcharam e morreram, mas que voltam como novas sementes para enfeitar as mesmas vidas. Que Nosso Senhor Jesus Cristo possa abençoar a essa "reunião" de vossos espíritos.

Os dois bebês, que dormiam no colo dos pais, desdobrados em corpo espiritual, sorriam felizes ao receber um banho de energias em forma de gotículas douradas. Relembravam que outrora, através deste tratamento, seus corpos astrais dilacerados pelo aborto foram curados.

Saravá, Vovó Joaquina!
Saravá o seu congá!
Ela vem lá de Aruanda
Pra rezar seu patuá.

6
Grito do passado

"Não basta que os lábios gotejem leite e mel, pois se o coração nada tem com isso há hipocrisia."

A confusão mental gerada pelas ressonâncias do passado, latentes de culpas que brotavam de seu inconsciente, estava-na perturbando de tal maneira que já se tornava difícil um sono tranqüilo. A princípio tomou remédios, pensando tratar-se de uma depressão. Depois a fé a levara para buscar na oração um alento. De igreja em igreja, de novena em novena, o alento era lento demais e o sofrimento, insuportável. Quando sua capacidade mental já não suportava mais e o desequilíbrio tomava conta, Deus sorriu e mandou que um anjo a conduzisse, talvez para o lugar mais humilde por onde andara até então. A convite de uma amiga, foi até um terreiro de umbanda em um bairro distante do centro da cidade. Situado nos fundos de uma construção simples, o local, além de apertadinho, era pobre demais.

Seu estado depressivo era tão grande que, ao ouvir o ponto cantado de abertura, as lágrimas começaram a escorrer pela face, levando-a logo a soluçar sem controle nenhum. Acalmada por um cambone, logo que iniciaram as incorporações, foi levada ao atendimento de um preto velho. Sentando-se em frente ao médium incorporado, sentindo em seu corpo etérico as vibrações emanadas da entidade, a emoção voltou e o choro recomeçou. O carinho com que se lhe seguravam as mãos, as palavras simples, mas carregadas de amor do preto velho, aguçadas pelo cheiro da erva verde macerada, agiam como verdadeira comporta que se abria dentro de seu coração, liberando todas as emoções.

– Deságua toda essa tristeza, zi fia. Deixa que o nego véio leve s'imbora essa dor e alivie o peito de zi fia. Esse nego véio sabe que zi fia chora porque tem uma culpa que nem sabe de que...

– Isso mesmo... sinto culpa e tristeza e tenho pesadelos terríveis quando consigo dormir.

– E com que zi fia sonha?

– O sonho se repete. Vejo crianças dentro de um lago lamacento e, quando tento tirá-las de lá, me puxam e eu acordo sufocada, como se estivesse morrendo afogada.

Nesse instante, no ambiente astral do terreiro que, diferentemente do físico, era grande, organizado e onde um grande número de trabalhadores espirituais auxiliavam o trabalho dos médiuns encarnados, já era mostrada para o preto velho a história triste de um passado remoto, onde aquela mulher atuara como uma avó relapsa. Dama requintada de uma sociedade rica da época e mãe de uma linda moça que criara com todos os mimos, viu-se na situação em que a filha, apaixonada e inexperiente, engravidava de um moço pobre. Escondendo até onde pôde a gravidez, ao ser descoberta foi providenciada para mãe e filha uma longa viagem, até que nascesse a criança. Assim que o parto se efetivou, às escondidas da filha mandou que jogassem a criança num lago próximo à cidade, amarrada a uma pedra, para que nunca fosse descoberta. Para a filha, mentiu que a criança nascera morta e, assim, a vida da rica dama continuou, sempre fingindo que era feliz.

Agora, nessa encarnação, desencadeou um processo culposo a partir do nascimento da primeira neta. Retornava outra vez o mesmo espírito que fora jogado no lago e, ao deparar com aqueles olhinhos azuis a fitá-la no berço, acordou em seu inconsciente o que apenas dormia, apesar dos séculos.

Durante o sono, essa culpa estampava-se em seu corpo emocional e, na tentativa de desfazer o mal do passado, dirigia-se ao mesmo lago e lá tentava resgatar o corpo da neta assassinada. Toda essa desordem era fomentada pela presença de espíritos obsessores que vibravam na mesma energia e se comprasiam em vê-la sofrer, atiçando assim sua culpa.

O preto velho Pai Antonio, ao observar o quadro que se desenrolara no passado daquela mulher, acionou por seu comando entidades que realizam uma limpeza em seu campo magnético, impregnado de larvas e de fluidos energéticos densos, semelhantes a uma lama negra. Enquanto isso, um guardião da linha dos exus seguia por um cordão que saía de seu corpo espiritual até um lago lamacento, que na verdade era uma criação mental acionada por sua culpa e que estava plasmado no plano astral denso, formando um bolsão onde habitavam outros espíritos afins com a energia. Lá estavam muitos espíritos deformados, de criaturas humanas que haviam sido mortas e atiradas na água para terem seus corpos escondidos e que sugavam sua energia através daquele cordão energético. Pela atuação de falangeiros de Ogum, foi providenciado o socorro daqueles seres e eliminado o local pela transmutação das energias.

– Zi fia sabe que precisa ter fé em Deus e fazer suas rezas antes de dormir, pedindo proteção para seu sono. Nego véio não tem as palavras bonitas, mas vai explicar para a filha que seu espírito viaja enquanto seu corpo físico dorme no leito e é preciso preparar essa viagem. Com o pensamento elevado, a filha precisa pedir ajuda aos seus protetores, como também precisa aprender a se perdoar pelos erros do passado. O perdão a nós mesmos e aos outros pelas faltas cometidas não é aquele da boca para fora, mas sim o arrependimento e o verdadeiro sentimento de humildade e entendimento de que todos ainda somos seres falíveis. É fazer do erro, do outro e dos nossos, um aprendizado com o objetivo firme de evoluir. Carregar culpas é como andar juntando pedras no caminho e carregá-las nas costas. Vai chegar um momento em que teremos que parar, pois o peso vai se tornar insuportável. A borracha que apaga as culpas do passado se chama caridade. Se matamos, vamos agora incentivar a vida, vamos socorrer, curar. Se roubamos, vamos agora trabalhar dobrado e incentivar o progresso e a justiça. Se magiamos para o mal, agora é hora de magiar através do amor e transformar em luz aquilo que nossas mãos escureceram. Pense nisso, filha e, antes que volte na próxima lua, nego véio pede que vá até uma cachoeira, acenda uma vela em cima de uma pedra e lá tome um banho de corpo inteiro, pedindo que se limpem essas energias que estão interferindo no seu sono.

Pai Antonio sabia que a ordem do banho de cachoeira tinha um sentido muito maior do que uma limpeza. Na cachoeira, um dos centros de força da natureza, encontraria aquilo que no nível energético já se fazia, ali no terreiro. No encontro de seu corpo físico com os elementos da água, dos minerais, do vegetal, da terra, do ar, do éter e do fogo estaria repondo as energias perdidas no processo obsessivo sofrido. Além disso, seriam despolarizados de seu mental os quadros culposos através da vibratória de Xangô, que regia sua coroa e que, por estar atuando dentro de seu ponto de forças, alcançaria maior êxito. Além disso, Mamãe Oxum, derramando sobre ela suas águas doces, imantaria seu coração com amor, para que pudesse, no presente, alimentar somente esse sentimento pela neta que voltava ao seu convívio.

Ao sair do terreiro, a mulher sentia-se renovada. Seu coração já não estava apertado e dolorido e, ao beijar as mãos do médium que dava passagem ao Pai Antonio, de seus lábios saíram luzes azuladas que se espalharam pelo ambiente, provando que não há mal impossível de ser desfeito quando o que atua é a energia do amor.

Amor que se faz presente nos lugares mais simples, através da presença de um mensageiro das mais altas hierarquias celestes, travestido de um humilde preto velho que, independentemente da crença dos humanos, desce ao plano terreno e, pitando um cachimbo, realiza a profilaxia necessária à manutenção da ordem na vida dos seres; manipulando uma erva cheirosa, a transforma em verdadeiro medicamento que, atuando na coesão molecular, transmuta e cura. Riscando ou cantando pontos, movimenta falanges que, sem tempo ou distância que os atrapalhe, desmantelam verdadeiros exércitos atuantes das trevas, desfazem magias e colocam de volta os seres no caminho da evolução.

> Meu pito tá apagado
> Minha marafa acabou
> Vou trabalhar prá suncê
> Porque sou trabalhadô...

7
Dois mundos, uma só vida

> "A mediunidade é dada sem distinção, a fim de que os espíritos possam levar a luz a todas as fileiras, em todas as classes da sociedade..."

Olhando seu corpo deitado no leito, a princípio Renata assustou-se. Como poderia ela estar se enxergando como se fosse duas pessoas ao mesmo tempo? Agora o susto era maior ainda pois, além do seu corpo, alguém aparecia ao seu lado. Uma imagem meio nublada, sem definição. Esfregando os olhos, como para visualizar melhor, percebeu que se tratava de uma senhora clara, de cabelos muito brancos e de sorriso simpático. Antes que tentasse fugir da situação, aquela senhora estendeu-lhe as mãos e, sem falar, lhe passou sua mensagem, a qual a moça compreendia perfeitamente.

Renata, leitora assídua de romances espiritualistas, já era conhecedora desse desdobramento que se efetuava durante o sono físico, mas nunca cogitou a possibilidade de que isso fosse acontecer com ela.

– Não se assuste, filha. Você não lembra, mas sou a avó que você não conheceu, pois desencarnei antes que nascesse. Você está em espírito fora de seu corpo físico, atuando com seu corpo fluídico.

Ao mesmo tempo em que passava a mensagem ao cérebro da neta, a entidade irradiava de seu coração todo o amor que sentia por aquele espírito afim, equilibrando-a. Essa irradiação fez com que seu emocional aquietasse e, ao mesmo tempo, rememorasse as várias histórias contadas por sua mãe, na infância. Histórias que falavam dessa avó e de sua vida que foi sempre um exemplo de amor e de caridade. Imagens que plasmaram em sua mente infantil, um retrato falado daquela que não havia conhecido, mas que mesmo assim amava. Agora, vendo-a ao seu lado, podia sentir que esse amor que as unia transcendia aquela vida, onde nem mesmo haviam se encontrado na matéria.

– Filha, precisamos conversar muito, mas agora, neste momento, preciso conduzi-la a um local do mundo astral para que possamos cumprir uma tarefa.

Sem ainda entender bem se estava sonhando ou não, se deixou levar por aquela energia que a envolvia. Ao entregar sua mão para a entidade, sentiu uma leveza, como se seu corpo houvesse se transformado numa pluma, e seguiu com tranqüilidade, observando que já não estava mais em seu quarto, mas caminhando por entre árvores, e que aos seus pés havia grama macia. Era uma paisagem cuja imagem parecia estar gravada em sua mente, como se já a conhecesse. À frente, uma construção grande e muito rústica, semelhante a uma palhoça feita de capim seco, mas ao mesmo tempo muito bonita e iluminada em vários pontos.

À medida que se aproximavam, ia ouvindo cada vez mais nítido o som de uma melodia que mais parecia um lamento. Na porta, um homem alto e com fisionomia um tanto rude as recebeu, portando um aparelho eletrônico sobre o qual elas tiveram que colocar a palma das mãos para que a entrada fosse liberada.

A essa altura dos acontecimentos, sua avó já havia lhe "contado" do que se tratava a tarefa agendada. Naquele lugar, habitavam ainda em corpo astral muitos espíritos que haviam sido negros escravos na última encarnação, e que tinham vivido nas fazendas de cana-de-açúcar no Brasil. Ali permaneciam porque, cristalizados na mágoa que mantinham pelos antigos senhores, por toda a dor, humilhação e castigos a eles imputados naqueles tristes dias de nossa história, não conseguiam sutilizar o mínimo possível suas energias para que pudessem ascender a planos que os liberassem daquele bolsão energético.

Por misericórdia divina e por intercessão de muitos trabalhadores do mundo espiritual a eles ligados por laços de amor, foram acolhidos naquele lugar para se evitar que servissem de escravos, agora das trevas. Embora permanecessem ainda sentindo as dores do tronco, a queimação do ferro quente marcando suas peles, a saudade de seus filhos arrancados do colo e vendidos no mercado ou a dor da alma machucada pela saudade da pátria mãe de onde foram seqüestrados, isso tudo era ilusão de suas mentes embotadas pelo sentimento negativo que sentiam. Muitos métodos de acordamento já haviam sido experimentados pelo grupo de espíritos que os assistiam, mas até então nada surtia efeito.

Num dos encontros que esse grupo teve com algumas entidades espirituais visitantes, vindas de outras dimensões mais elevadas, foi-lhes sugerido que buscassem um ser encarnado que no passado tivesse uma ligação de liderança positiva ou de muito amor com aquele grupo, para que pudesse acordar naqueles seres o espírito adormecido, fazendo-os reagir.

Ao entrar no ambiente, Renata não pode deixar de cair duas grossas lágrimas diante do quadro. Na maioria, rostos jovens de homens e mulheres negras, cujos olhos esbugalhados e fisionomia cansada demonstravam o nível de auto-hipnotismo em que se encontravam, fazendo com que ignorassem até a presença dos visitantes.

Alguns permaneciam inertes em seus leitos, que eram conservados cuidadosamente limpos, outros encolhidos pelos cantos do local, outros debatendo-se como se estivessem acorrentados. Muitos ainda corriam em pânico de um lado para outro, olhando para trás como se escapassem dos capitães-do-mato e de seus cães farejadores de escravos.

Instruída por duas entidades trabalhadoras que ali se encontravam e que se diferenciavam dos demais pelas vestes, como também pela fisionomia serena que apresentavam, Renata se posicionou no centro do grande salão. Focada por uma luz azulada, de olhos fechados e em oração, a moça sentiu que seu corpo se transformava e, ao abrir os olhos, suas vestes haviam mudado e ela se sentia uma senhora de mais idade.

Ao toque de uma sirene, os gemidos se calaram e Renata começou a andar e tocar em cada um deles, olhando-os diretamente nos olhos. Alguns imediatamente jogavam-se no chão em pranto dorido, outros andavam atrás dela como zumbis, mas agora aquietados. Um deles, saindo do transe, gritou a plenos pulmões:

– Liberdade! A princesa veio nos libertar!

Como se aquilo fosse um código, todos ao mesmo tempo saíram do transe e, olhando para Renata, clamaram a piedade da princesa.

Durante esses acontecimentos, a moça recebia via mental a informação de que ela representaria para eles a figura da Princesa Isabel, libertadora dos escravos. E que, embora eles houvessem desencarnado antes da Lei Áurea ter sido assinada, seus espíritos, que após a morte do corpo físico perambularam pela crosta durante muito tempo, haviam sabido dela, o que só aumentara suas dores, pois para eles a liberdade não havia chegado a tempo.

Agora, ali, diante daquela que viam como a princesa libertadora, eles receberiam, com certeza, a carta de alforria. Providencialmente, Renata tinha nas mãos cópias deste documento, que alcançava a cada um deles. Dentro da tortura mental em que viviam, isso era o alento, a liberdade tão esperada. Beijavam as mãos da princesa e, nessa euforia, através do desabrochar do sentimento de profunda alegria, eles mudavam suas vibrações e conseguiam enxergar o que antes não viam: seus companheiros libertos, seus familiares e amigos que ali estavam para tirá-los daquele lugar. Um a um, imersos em um clima de felicidade, no gozo da liberdade tão almejada, saíam acompanhados de seus tutores para realmente libertarem-se da pior escravidão que existe para um espírito, que é aquela ligada aos sentimentos inferiores.

Quando todos já haviam seguido junto com os amparadores espirituais, Renata, que pensou estar vivendo uma cena teatral, olhou-se e verificou que já não era mais aquela "princesa". Era hora das indagações para clarear suas idéias. Sua avó, sorrindo, a abraçou, parabenizando-na pelo sucesso da tarefa e a conduzindo para fora do grande salão, agora vazio. Sentada em um banco, em meio ao arvoredo, uma das entidades que haviam ajudado no socorro a esperava para esclarecer os fatos.

– Filha, somos agradecidos pela sua valorosa ajuda. Embora esteja um tanto assustada com tudo, posso lhe afirmar que já vem sendo treinada por nós há bastante tempo em trabalhos de socorro, durante sua saída do corpo físico, através do sono. Dessa vez, nossos superiores permitiram que fosse consciente, por isso levará ao físico plena lembrança da experiência.

As perguntas amontoavam-se na cabeça de Renata e, sendo captadas pelo amigo espiritual, eram respondidas com muita ternura.

– Por que você se passou pela Princesa Isabel? Talvez a menina, por laços de afinidade com aquele espírito que teve uma encarnação como a Princesa Isabel, pode agora auxiliar os sofredores, usando a sua imagem. Quem sabe?

Sorrindo, ele continuou:

– Nosso corpo astral é plasmático e, quando há necessidade, nos mostramos com a imagem de alguma vivência terrena que temos guardada em nosso mental ou criamos uma imagem com a qual temos afinidade. Sua avó é um exemplo disso. Você a está vendo agora com a mesma aparência da última encarnação, porém semanalmente ela atua na crosta, dentro de uma casa de caridade, com a veste de preta velha.

– Preta velha?

– Sim, aquela com quem sua prima trabalha naquela casa de umbanda.

Estupefata, Renata olhava para ela sentindo-se envergonhada. Era a vez de a bondosa avó responder:

– Minha neta querida, como vê, nós, espíritos endividados e propensos a ressarcir através da prática do bem, buscamos os mais variados caminhos para cumprir nossa missão. Não importa se na vivência terrena eu praticava uma religião diversa da umbanda, pois aqui no mundo dos espíritos percebemos que todos os caminhos levam ao Pai. O que nos direciona é nosso coração, não os segmentos religiosos. Escolhi a umbanda e precisei aprender sobre ela para poder auxiliar sua prima que, sendo médium, necessita trabalhar seu orgulho, encontrando na simplicidade de um terreiro o lugar propício para desenvolver a humildade. Quanto à sua discriminação em relação à umbanda, compreendo mas não aceito, e proponho que na próxima gira de preto velho vá até lá para verificar que na simplicidade da manifestação desses espíritos encontrará o legítimo sentido da caridade cristã.

– E esse lugar onde os escravos se encontravam?

Olhando na direção da construção, Renata não a viu mais. Havia desaparecido.

– Filha, aqui no astral é possível fabricar construções e objetos através da força mental de espíritos treinados. Esse lugar foi feito para abrigar e proteger estes irmãos nossos, até que pudessem "acordar". Na verdade, tinha outra aparência ao ser criado, mas acabou ficando da maneira como seus habitantes o concebiam, ou seja, uma senzala. Pelo tempo que ali ficaram, vivenciando sentimentos de dor e mágoa, criou-se uma egrégora pesada pelas formas de pensamento por eles alimentadas. Por isso se fez necessário que, agora, após a retirada desses espíritos, eliminássemos a construção, transmutando as energias. Como vê, as plantas tomam conta do local e logo as flores que ali vão nascer evitarão que sobreviva qualquer energia negativa que poderia ser aproveitada por outras mentes. Esses bolsões são comuns no mundo extrafísico, onde energias afins acabam se atraindo e formando verdadeiros núcleos. Por isso podemos conceber a força que exercemos através de nossa mente; a maioria dos humanos a desconhece ou não acredita nela. As ondas mentais emitidas no espaço juntam-se às iguais, tomando força e atuando de acordo com a finalidade. Pensamentos construtores constroem e pensamentos devassadores agem como verdadeiros tanques de guerra.

Retornando ao seu corpo físico, ao acordar, Renata lembrava com clareza de sua vivência em corpo astral, durante o sono. Era tudo tão certo e nítido que sabia não se tratar de um sonho. Podia ainda sentir o abraço carinhoso que recebera na despedida de sua avó e se lembrava perfeitamente da promessa de outros passeios, para auxiliar a quem delas necessitasse.

Renata pensou muito, nos dias que se seguiram, sobre a experiência vivida fora de seu corpo físico naquela noite. Na semana, resolveu que visitaria o terreiro de umbanda onde sua prima trabalhava. Um pouco tímida e medrosa, entrou no ambiente imaginando que encontraria um local alvoraçado por médiuns que rodopiavam, gritavam e se debatiam, enrolados em colares coloridos. Era essa a imagem que guardava de um lugar onde sua mãe a havia levado quando pequena, para se curar de uma anemia crônica, causada por constantes sangramentos nasais.

Chocou-se ao perceber que o silêncio pedido através de uma plaquinha luminosa na entrada do terreiro era obedecido pelas pessoas que, ao entrar, sentavam-se e oravam silenciosa e respeitosamente. O congá simples, onde as velas reluziam iluminando parcamente o local, dava ao ambiente uma sensação de paz junto ao perfume exalado das flores e ervas que o enfeitavam.

Todos vestidos de branco, ordenadamente os médiuns chegavam e batiam a cabeça em frente ao congá. Após reverenciar seus guias, colocavam-se silenciosamente em seus lugares, formando um círculo.

A harmonia foi modificada quando um grupo de médiuns iniciou os pontos cantados e, através deles, a sessão teve início.

Admirada e feliz por estar ali, Renata se via cantando como se já conhecesse a letra e a melodia de cada ponto; a cada incorporação dos pretos velhos, seu coração disparava. Sem alarde, sem desordem, eles chegavam, irradiavam seus médiuns e passavam a atuar através deles. Sentavam-se em pequenas banquetas, solicitando aos cambones galhos verdes ou palheiros.

Aguardou ansiosamente a chegada do espírito de sua avó, que atuava como preta velha através da mediunidade de sua prima.

Não demorou para que fosse chamada a conversar com

ela e sua emoção foi indescritível. Recebeu os conselhos de que precisava e pôde sentir bem de perto o imenso amor que aquele espírito devotava a ela, além de poder se conscientizar das benesses que a umbanda trazia do Alto até o plano terreno, desmistificando antigos e errôneos conceitos.

Nas noites que se seguiram, Renata e sua avó prosseguiram em outras e tantas tarefas que a graça divina lhes possibilitava realizar em desdobramento, mostrando que só fica inerte o espírito que realmente se nega ao trabalho, pois na carne ou fora dela, no físico ou no astral, o Universo é movimento e nós somos simples, mas importantes e necessários instrumentos de trabalho.

8
Mercadores do templo

> "É em vão que na Terra procurais vos iludir, colorindo com o nome de virtude o que freqüentemente não é senão egoísmo; que chamais economia e previdência o que não é senão cupidez e avareza, ou generosidade o que não é senão prodigalidade em vosso proveito."

Era dia de reunião da diretoria no templo de umbanda. Resoluções diversas estavam em pauta, principalmente aquelas relacionadas ao departamento financeiro, cujo caixa estava negativo.

Discussões se aceleravam, buscando soluções pela nova diretoria há pouco eleita e composta de jovens. Sedentos por uma solução, a maioria fechou a reunião concordando com algo que até então jamais havia sido usado naquele lugar.

Ficou aprovado em ata que cobrariam uma quantia pelas fichas de atendimento distribuídas nos dias de "caridade" e que gravariam as palestras ali proferidas pelos médiuns e as venderiam ao público. Foi rejeitada a idéia sobre se promoverem eventos para com o lucro se dar suporte às finanças, sob o pretexto de que seria muito trabalhoso.

Ao final do encontro, reuniram-se em frente ao congá

para uma oração de agradecimento e, sem que esperassem ou pedissem, um médium incorporou seu protetor preto velho, que assim se pronunciou:

– Filhos deste terreiro, nos dias atuais, o que não falta na lavoura são adubos às ervas daninhas. Eles incentivam o broto de toda desordem que desce dos mentais atribulados pelos latentes erros do passado, acordando entre outras as ressonâncias do tempo em que as religiões ainda eram usadas mais como escudos da nobreza e do poder do que como religação das criaturas com o Supremo Senhor do Universo. Dias nebulosos, em que o vil metal tilintava nas mãos daqueles que se intitulavam senhores da verdade e quando para tudo existia uma justificativa. Dízimos, centésimos, tributos cobrados daqueles cujo suor regava a terra e as sementes. Por outro lado, vendia-se à moeda de ouro o potencial mediúnico e curador recebido de graça das hostes celestes, distorcendo e escurecendo a magia divina. Quando os ventos varrem o planeta, tentando separar o joio e o trigo, identificando a erva daninha que é protegida pelas trevas, confundem-se os valores maiores e, mesmo dentre os "escolhidos" ou "eleitos", a imperfeição ainda existente atiça e confunde o que pode e deve ser mercantilizado, e o que não vos pertence e portanto é dádiva ganha, impossibilitando, assim, sua venda a que preço ou a que motivo for. Repensai naquilo que vos é ofertado como "hóstia sagrada" e que deve seguir direto ao coração, mesmo antes de cair no cálice de ouro, onde reverbera a falsa imagem da matéria. Não vos deixeis instigar e nem afligir por aquilo que a fé racionalizada trazida pelos instrutores espirituais, não vos aconselham. Não permitis que, à desculpa de socorrer as paredes de um templo, vos coloquem como mercadores do mesmo. Recursos de toda natureza se fazem aos filhos que buscam a retidão e que não desviam o bom direcionamento dos valores da alma, imortais e atemporais. Não vos deixeis cair na tentação de usar aquilo que é sagrado para colocar moedas no bornal de quem for, pois a cada centésimo ganho com a venda da mediunidade há de se fazer milésimo de arrependimento no além túmulo. Jesus levava Sua mensagem em campo aberto, sem teto e sem recursos, nunca lhe faltou, no entanto, um catre para aconchegar seu corpo cansado nem um cobertor a lhe cobrir o mesmo. A conduta de cada filho, no empenho de suas horas destinadas ao descanso e lazer, doando-as de bom grado aos espíritos para servir-lhes de instrumento na terra, será recompensada pela colheita do bom trigo que sufocará a erva daninha e povoará a lavoura de vossas mentes, elevando-vos a um patamar onde a dor e o ranger de dentes desaparecerão.

Quem vos aconselha o faz por já ter sentido e vivenciado no passado o mau uso da ferramenta e, por consequência, ter descido a escada que leva aos porões escuros de nossa Casa Planetária. Saravando aos filhos, os abençôo!

Outra reunião haveria de ser marcada, pois em tempo a espiritualidade impediu que naquele templo sagrado se vendesse o que de graça haviam recebido. Os benfeitores sabiam por experiência que mesmo uma boa intenção pode colocar todo um trabalho espiritual a perder quando se foge da absoluta caridade.

Quando os valores monetários confundem-se com os valores espirituais criam-se barreiras energéticas para a luz e abrem-se frestas que logo transformam-se em portas por onde entra a obsessão, que sem tardar cega os homens que passam a querer mais, pois mais lhes vai faltar. Por outro lado, quando os propósitos são nobres e através deles se pratica a caridade desinteressada, sempre haverá recursos suficientes para se manter o teto que abriga os caridosos.

9
Educar é limitar

"Que importam as armadilhas que serão colocadas no vosso caminho! Só os lobos se prenderão nas armadilhas de lobos, porque o pastor saberá defender suas ovelhas contra os verdugos imoladores."

Maria Joana era seu nome. Trinta e nove anos, com aparência de 50. A pele ressecada e a magreza eram o resultado de uma vida dura aliada ao vício do cigarro desde muito jovem.

Agora ela estava ali, naquela fila, aguardando ansiosamente um atendimento para tentar resolver o problema com o filho. Seu nervosismo e sua preocupação lhe tiravam a percepção do quanto seu cigarro aceso incomodava as outras pessoas da fila. Ao chegar na porta do terreiro o cambone chamou sua atenção, pois naquele ambiente era proibido fumar. Contrariada, apagou o cigarro, mas à medida que se aproximava do congá, onde eram atendidas as pessoas da fila, verificou que alguns dos médiuns incorporados fumavam palheiros ou charutos. Sua revolta acentuou-se, e, combinada ao longo tempo em que ficara na fila, virando-se para o rapaz que estava logo atrás, iniciou uma conversa, demonstrando sua indignação, atiçando nele uma pontinha de inquietação que logo se estendeu à pessoa seguinte e a mais outros além deles. Quando perceberam, tumultuavam o local com sua conversa alta.

Sem demora, chegou a vez de Maria Joana ser atendida. Encaminhada em frente ao preto velho, Pai Joaquim, foi logo relatando seus queixumes:

– Vim aqui porque preciso dar um jeito na minha vida ou então vou me matar. Deus se esqueceu de mim. Meu filho foi preso só porque se meteu com gente que não presta e acabou pagando sozinho. Como se não bastasse, alguns maus elementos estão me ameaçando para pagar dívidas que dizem ser dele. Já não tenho mais saúde para trabalhar e meu filho era quem sustentava a casa.

Pai Joaquim, que ainda nem tivera tempo de cumprimentar a mulher, mas que observava atento o movimento que se dava ao seu redor, tanto de entidades que a acompanhavam, quanto de elementos energéticos que agiam qual parasitas em seu corpo etérico, pitava seu cachimbo demonstrando tranqüilidade.

– Saravá, zi fia. Nego véio tá aqui matutando... Zi fia tá toda enrolada... eh, eh.

E com seu cachimbo dava longas baforadas na aura da mulher, de onde se desprendiam pequenas larvas malcheirosas, as quais eram recolhidas pelas entidades responsáveis pela faxina astral do lugar. Duas entidades, que se mantinham grudadas a ela mesmo depois da primeira varredura efetuada na porta do templo, debochavam do preto velho e transmitiam à mente da mulher idéias para que desistisse daquilo tudo, pois de nada adiantaria, ao mesmo tempo em que atiçavam a sua vontade de fumar ao sentir o cheiro do fumo do cachimbo.

Puxando um ponto cantado de demanda e riscando seu ponto no chão do terreiro, Pai Joaquim acionou uma carga energética que desprendeu-se do congá e veio como um raio em direção aos dois intrusos, fazendo com que desmaiassem.

Recolhidos pelos guardiões de plantão do templo, eles foram levados para outro departamento onde seriam atendidos dentro de seu merecimento.

Inevitável a sensação de perda que se deu imediatamente no corpo emocional da mulher que desatou em um choro quase convulsivo, sem nem mesmo saber por quê.

– Isso, zi fia. Chora mesmo, suncê tá precisando. – falou o preto velho, enquanto continuava a cantarolar e mandigar, usando sua sabedoria milenar na magia branca para aliviar aquele espírito necessitado tanto de alívio quanto de aprendizado sobre a vida. – Agora esse negro velho é obrigado a falar para a filha que nada do que suncê achou encontrar por aqui hoje vai ajudar. Mesmo estando deste lado da vida, não temos o poder de ultrapassar as leis divinas e transformar o carma ou a escolha dos filhos. Acima de tudo, precisamos respeitar vosso livre-arbítrio. Nem o preto velho, nem qualquer entidade que trabalha nesta casa vai realizar os "trabalhos" que a filha deseja para arrumar a vida. O que nos é permitido fazer já está feito. O resto é a sua parte, e esta é a mais importante.

– Mas já não tenho saúde nem forças para mais nada...

– Sua saúde abalada e a falta de forças devem-se muito ao vício do cigarro, que está adoecendo seu sistema respiratório e abalando sua imunidade.

– Ah, mas se cigarro faz mal por que é que o senhor está fumando esse cachimbo?

– Eh, eh, zi fia. Nego véio vai explicar a diferença, mas primeiro vai dizer que a melhor maneira de educar alguém é pelo exemplo, não é mesmo? De certa maneira zi fia tem razão. Como posso exigir dos outros mudanças que ainda não realizei comigo mesmo? Esse cachimbo que nego véio está pitando, recheado de fumo, serve como defumador para os filhos que chegam aqui envolvidos em energias mórbidas e pestilentas.

Conciliando o elemento vegetal, que é o fumo seco, mais o elemento fogo, que gera a fumaça, age como verdadeira profilaxia ou varredura energética na aura dos filhos. O médium que me serve de aparelho não se intoxica e não vicia com a fumaça porque não a aspira para seu organismo físico. Prova disso é que o meu aparelho não tem o hábito de fumar quando fora deste trabalho mediúnico. Diferença se faz com o cigarro caro e venenoso, impregnado de elementos químicos e viciantes que a filha aspira para seus pulmões e que, com o passar do tempo, corrói esse órgão, tirando sua capacidade respiratória, além de criar dependência. Sem contar, filha, que os fumantes acabam sendo fornecedores de nicotina e satisfação a muitos espíritos desencarnados que morreram viciados. Eles agem intuindo os fumantes a desejar ardentemente mais um cigarro e, como vampiros, encostam-se ao encarnado, aspirando juntos a fumaça inebriante. Quadro assustador e nojento para quem os vê, por vezes quase dantesco. Agora mesmo, nego véio, com o auxílio do nosso povo do bem, tirou dois seres desencarnados e fumantes que se mantinham grudados ao seu corpo, e garanto que se a filha os visse desistiria do fumo imediatamente.

De olho arregalado, a mulher escutava tudo, ainda meio aturdida.

– Mas eu já fumo há mais de vinte anos e não consigo deixar.

– Pois é, zi fia. Apesar disso, você não nasceu fumando. Por que então tem de morrer assim? Se quiser realmente largar do vício vai precisar de ajuda médica, espiritual e muita boa vontade, mas lhe garanto que o esforço vai valer a pena. Além de prolongar os seus dias, eles serão vividos de forma saudável em todos os sentidos. Deixará de ser atrativo para estes pobres sofredores desencarnados que nada de bom trazem para sua energia, mudando sua condição vibratória.

— O preto velho acha que se eu fizer uma promessa de dar uma caixa de cachimbo por mês para o senhor, isso vai me ajudar?

— Eh... eh, zi fia! Até que seria uma maneira melhor de empregar o dinheiro, mas nego véio vai dizer que não se deve trocar um vício por outro. Não pode querer negociar com a espiritualidade nem com o Criador. Não precisa pagar nada a ninguém para ser auxiliada pelos bons espíritos. Só o que precisa é a sua autotransformação, a sua fé racional. No mundo espiritual, só precisam de pagamentos aqueles espíritos da mão esquerda que efetuam trocas com os encarnados, mas alerto a filha de que essas negociatas sempre acabam mal. Quanto ao seu filho que está preso pela justiça dos homens, nego véio aconselha a repensar na educação que lhe deu. Mimou demais aquele menino, tentando compensar a falta do pai, e se esqueceu de lhe dar limites. Hoje, zi fia, aquele menino está colhendo o que plantou. Nego véio sabe que aos olhos de uma mãe todo filho sempre é inocente e perfeito. Mas o que não pode esquecer é que nossos filhos são espíritos endividados e errantes que vem às nossas mãos para reajuste e não para serem criados como pequenos príncipes cheios de mordomias. As asperezas do caminho, as dificuldades por que passam os pais, não devem ser omitidas ao restante da família. O amor, zi fia, não é proteção contra as dores do mundo, mas deve ser ensinamento dado pelo exemplo. Não o abandone, mas faça com que enxergue a realidade. Não o veja como uma criança desprotegida pois, se foi bastante adulto para roubar, deve arcar com as conseqüências. Não vai ser livrando-o da prisão que a filha vai endireitar o pau torto. O dinheiro que ele lhe trazia todo mês não era fruto de seu suor, mas sim de seus roubos e, portanto, um dinheiro maldito. A dor, filha, só a dor poderá ser remédio para ambos. Exija dele atitudes sadias, mas dê o exemplo. Mude suas atitudes também e comece por mostrar que é capaz de deixar do cigarro, ou então como vai pedir que ele largue seus vícios?

Pai Joaquim a abençoou em nome de Nosso Senhor Jesus Cristo e pediu que ela voltasse outras vezes a falar com ele, se assim o quisesse. E assim foi. Muitas outras vezes a mulher, com aspecto cada vez mais saudável, voltou a conversar com o preto velho e sempre saía do terreiro mais aliviada. Os conselhos de Pai Joaquim eram o único alento que ainda tinha, mas que a faziam reviver.

Um ano depois, agradecia emocionada aos pretos velhos a liberdade condicional conseguida para seu filho, acendendo uma vela aos pés da santa e cozinhando o que tinha de melhor em casa para aquele que retornava ao seu convívio, quando ouviu o estampido de um tiro e um grito. Seu filho caía morto na porta da casa, perseguido pelos cobradores vingativos que o aguardavam.

Depois do desespero e do enterro daquele que, para ela, era ainda uma criança, voltou ao terreiro de umbanda para pedir alento à sua alma doída e estranhou por não encontrar mais o Pai Joaquim dando passagem através daquele médium. Sendo atendida por outro médium que recebia no terreiro a Vovó Maria Conga, ela soube que o trabalhador da casa havia sido morto num assalto efetuado por um rapaz, que acabara de sair da prisão, e que o assassinou para roubar apenas uns poucos trocados, um relógio e seu anel de formatura. A notícia caiu sobre ela como uma bomba, pois lembrou que, ao levantar o corpo morto de seu filho na porta de casa, verificou que ele tinha um relógio e um anel que sabia, não eram seus. Pertencia ao médium que fora vítima de seu filho, momentos após a sua liberdade da prisão.

Naquele instante, como uma mágica passaram por sua mente todas as palavras ouvidas ali mesmo, de Pai Joaquim, sobre a colheita de nossos plantios e sua responsabilidade como mãe na educação do filho, impondo-lhe limites.

A dor de duas perdas acompanhou aquela mulher ainda por décadas, até que desencarnou por enfisema pulmonar.

10
Deixem que os mortos cuidem dos mortos

> "Os verdadeiros laços de família não são, pois os da consangüinidade, mas os da simpatia e da comunhão de pensamentos que unem os espíritos antes, durante e após a sua encarnação."

Maria Madalena, que nunca foi muito chegada aos assuntos de religião, restringia sua fé a fazer o sinal da cruz ao se deitar na cama e ao se levantar dela. É claro, havia batizado seus filhos na Igreja Católica, afinal eles precisavam ter padrinhos. Por várias vezes em sua vida sentiu curiosidade em visitar aquele centro espírita que ficava próximo à sua casa, mas desistia ao pensar que essas coisas acabam viciando as pessoas, além do que nem tinha motivos para isso, pois sua vida estava ótima.

Hoje, vendo-se ali na fila, aguardando atendimento num centro de umbanda, não fosse o motivo que tinha e que era sério demais, ela mesmo custaria a acreditar. Apesar de achar tudo muito estranho, ao entrar no templo sentiu uma sensação de aconchego e um alívio na dor que trazia nas costas.

– Saravá, zi fia! – exclamava aquele preto velho incorporado num médium que lhe servia de aparelho.

A palavra "saravá" não lhe caiu muito bem, pois imaginava que isso significava algum tipo de feitiço ou mau feito e, instintivamente, fez o sinal da cruz.

– Eh, eh, zi fia tá se benzendo porque ta cum medo de nego véio?

Pronto, já estava arrependida de estar ali... mas o motivo pelo qual viera valia qualquer sacrifício e, de pronto, sem esperar ter de ouvir mais nada, foi falando:

– Eu vim aqui por que me falaram que vocês podem falar com os mortos.

Sorrindo e baforando seu pito, o preto velho amorosamente falou:

– Ah, zi fia, não só o povo daqui fala com os mortos, suncê tá falando com um agora mesmo...

Um arrepio correu pela espinha da mulher, que empalideceu.

– Calma, zi fia, esse moço que tá aqui é um médium e quem fala através dele é um ser humano como suncê, só que num tem mais a carcaça de carne e que todo mundo o chama de morto.

– Vo... você é um mor... morto? – gaguejou a mulher, que já tremia de medo.

– Morto num fala, zi fia. Eu tô é muito vivo... eh... eh...

E com a paciência inerente aos pretos velhos, Pai José explicou à mulher sobre a vida imortal do espírito e sobre a continuidade da vida no mundo astral e da importância de vivermos bem aqui para que a chamada morte não nos pegue de surpresa.

Já mais tranqüila, a mulher então conseguiu desabafar:

– Bem, como me falaram que aqui conseguem falar com os mortos, eu vim até aqui justamente para pedir que me trouxessem alguma notícia do meu finado marido que morreu há três meses. Sinto muito a sua falta, além disso tenho sonhado com ele quase todas as noites. Tenho ido ao cemitério todas as semanas e, mesmo assim, a tristeza não passa. Ele morreu de um ataque fulminante do coração e ficaram muitas coisas para serem resolvidas, por isso acho que sua alma não consegue descansar.

– Zi fia precisa largar desse homem. Suncê o está prendendo aqui, onde não é mais o seu lugar.

– Como assim?

– Como nego véio já explicou, todos temos um tempo para viver na carne. Findando esse tempo, temos que seguir para o mundo dos espíritos e viver em espírito, aguardando nova oportunidade, novo corpo para voltar à face da terra. Quando nossos entes queridos partem deste mundo, tudo que era material aqui termina. Como a morte vem sem aviso prévio e sem gaveta no caixão para levar os bens terrenos, a maioria se desespera e, não conseguindo enxergar o socorro, padece nos umbrais ou simplesmente permanece junto aos familiares. Outras vezes, acontece o oposto. A criatura desligada do corpo físico e pronta para seguir em corpo astral é constantemente chamada de volta pela energia dos familiares inconformados, que viram verdadeiros obsessores do morto. Desespero não ressuscita ninguém, zi fia. O que não tem remédio remediado está. No mundo onde se encontra seu marido, a matéria, o dinheiro, o seguro de vida, os bens aqui adquiridos não existem. Lá, aprende-se a cultivar outros valores e deles tirar o sustento para o espírito.

O preto velho sabia que o que mais incomodava à viúva, não era a falta da presença ou saudades do marido, mas o fato de ter ficado com dívidas a resgatar feitas por ele e a falta do seguro de vida que ele dizia pagar em seu benefício, quando morresse.

– Suas visitas ao cemitério de nada estão adiantando, além de fazerem com que busque, naquele lugar que centraliza energias deletérias, algumas coisas nada agradáveis para sua vida. Precisa, sim, elevar seu pensamento a Deus e agradecer pelo tempo em que conviveu com essa pessoa que lhe deu uma vida confortável e feliz. Ore por seu espírito para que possa alcançar a luz e seguir sua caminhada. Os problemas que ficaram na terra à terra pertencem, e sua obrigação é agora resolvê-los.

– Mas eu nunca lidei com os negócios, ele resolvia tudo.

– Mais um motivo para não desesperar e sim aproveitar a ocasião para um aprendizado, pois casamento não é bengala para um dos dois se acomodar, zi fia. Quem casa, presume-se que arruma um companheiro para viver ao seu lado. Veja bem: *ao seu lado*, nem à sua frente nem atrás de si. Todos os acontecimentos devem ser compartilhados para que não aconteçam surpresas na hora em que um dos dois tiver que partir. Mas como não adianta lamentar o que já passou, é hora de zi fia tirar essa roupa preta e partir para o aprendizado que a vida está lhe oportunizando. Pensa agora nos momentos bons que viveram juntos e viva dessa energia. Não cobre de quem não pode pagar aquilo que deixou de fazer aqui e pense que agora talvez seja a hora de você fazer a sua parte. Quem lhe informou que aqui fazemos contato com os mortos não mentiu, mas omitiu a verdade de como isso acontece. Só vêm se comunicar com os vivos os espíritos que já estão aptos a isso e por necessidade de trabalho, de auxílio, como fazem os guias e protetores. Jamais devemos, seja por curiosidade ou mesmo saudades, forçar comunicação com nossos entes queridos que partiram. O mundo dos "mortos" é grandioso e complexo ainda para o entendimento dos vivos e, como disse Nosso Senhor Jesus Cristo, "na casa do Pai existem muitas moradas". Não sabendo em que lugar e em que condição se encontra o desencarnado, não devemos atormentar sua consciência com pedidos que ele pode não poder realizar. Se o amamos, devemos preservar sua integridade pós-vida com oração, que vai chegar até onde ele estiver em forma de bálsamo suavizante. Deixemos que os mortos cuidem de seus mortos e os que ficam vivos que procurem viver o que lhes resta de tempo, da melhor maneira possível. Não são as lágrimas derramadas, nem o luto usado, muito menos as visitas ao túmulo que vão dizer do nosso amor a quem partiu, mas sim a nossa atitude racional de fazer dessa dor um motivo para suavizar a dor de tantos outros. Quem sabe, acalmar a dor dos que ainda vivem e com os quais eu posso falar, fazendo da minha voz um alento às suas dores. Quantos, embora vivos, jazem num leito, sentindo-se mortos pela discriminação das pessoas que os abandonaram pelo preconceito. Ache-os, zi fia, e leve a eles uma palavra de conforto, um alimento para seu espírito e também para seu corpo. E quando estiver fazendo isso, lembre-se de que seu esposo estará recebendo de alguém que pode chegar até ele o mesmo carinho e a mesma caridade. A vida é assim, filha. Nós somos elos de uma mesma corrente e a grande lei nos faz iguais diante do Pai. Tudo se reflete na tela universal. Por isso, tanto o que fizermos quanto o que pensarmos de ruim ou de bom há de se voltar para nós mesmos. Esqueça essa história de falar com os mortos e vá viver, zi fia. Vá ser feliz e fazer alguém feliz, porque a vida que ganhamos não é para sofrimento, mas para crescimento.

Naquele momento, um facho de luz iluminou o terreiro. Seres que trabalham nas fileiras do bem resgatavam aquele espírito que sofria sendo arrastado pelo sentimento da esposa desorientada. Ela, por sua vez, suspirou, sentindo que a dor de suas costas aliviava e que seu coração parecia mais leve.

– Siga, zi fia... que o grande Zambi a acolha em alguma de suas moradas.

11
Não dê o peixe, ensine a pescar

> "Meus bem-amados, eis o tempo em que os erros explicados se tornarão verdades; nós vos ensinaremos a correlação poderosa ligando o que foi e o que é."

– Minha mãe preta, como dirigente desta casa de caridade, vejo-me angustiada diante da fila que se forma em cada dia de atendimento e também diante da limitação que se impõe no atendimento, devido ao limitado número de médiuns trabalhadores, bem como ao espaço físico de nossa pequena tenda.

– O meu saravá pra suncê, zi fia! Que o grande Zambi abençoe sua coroa! Essa preta velha, mandingueira e mexeriqueira, já andava aflita, na espera dessa conversa com a filha. Nas andanças da vida, estagiando ora na matéria, ora fora dela, negra velha foi colocando no bornal um tanto de experiência. Entre muitos erros e poucos acertos, perambulei por esse mundão de meu Deus e senti na pele como o ser humano ainda é viciado em escravizar o outro, em nome de seu ego. Longe ainda de viver e sentir as coisas do espírito, qual andarilhos, mendiga favorecimentos ou compram milagres, por vezes, endividando-se para o além túmulo. Os filhos da terra, apesar de tantos alertas, de tantas dores, da porta que se estreita em sua caminhada, assinalando que os tempos estão chegados e, por isso, é preciso se desvencilhar das quinquilharias amontoadas ao longo da estrada, ainda não conseguem absorver a mensagem do Cristo Jesus. Enrolados no manto do egoísmo sentem-se ou "supremos e merecedores" ou então "vítimas" e, quando as coisas da matéria, únicos tesouros amontoados em suas vidas, sufocam-nos, correm às portas dos templos exigindo que Deus resolva num passe de mágica suas angústias e desordens. Acostumados que estão a tudo comprar ou trocar, tentam negociar a troco de algumas velas ou do desfilar das contas de um rosário uma mudança que a eles pertence, mas que exigiria algum esforço próprio. Quando não, esgueirando-se na noite para não serem percebidos pela sociedade, marcam consulta com magos das sombras, disfarçados de "adivinhadores do futuro", usando elementos e elementares que os ligam a energias densas que atendem momentaneamente a seus desejos. No desespero, quando os sortilégios já não fazem mais efeito, ajoelham-se na frente do caboclo ou do preto velho, ignorantes que são das leis maiores, ansiando sair dali com uma solução mágica nas mãos. Por isso, filha, ensine os filhos a pescar. Evangelize esse povo, mostrando que em cada filho existe uma essência divina, que existem leis que organizam o universo e precisam ser obedecidas. Mostre-lhes, filha, que o milagre, o céu ou o inferno estão inseridos na consciência de cada um e não no mundo exterior. Instigue-os a buscar alegria nas coisas simples, a viver o amor de forma incondicional, a perdoar e principalmente a se livrar das mágoas, que são o câncer da humanidade.

– Minha mãe, mas na umbanda não se costumam fazer palestras elucidativas, pois o atendimento é individual e dado pelos guias incorporados.

– Filha, a vida exige uma constante mudança de hábitos e costumes para que haja evolução. Para se fazer caridade é preciso, além do amor, o discernimento e a sabedoria, para que não se joguem pérolas aos porcos. Jesus ensinava e exemplificava e só curava aqueles que tinham fé. O que denominavam de milagre era o amor e a vontade em movimento. Então, movimente o amor e, como Jesus, ensine. Mostre o caminho, dê-lhes o anzol e ensine-os a pescar. Não entregue nas mãos da espiritualidade a responsabilidade que compete aos médiuns. Sejam nossos parceiros e ignorem a premissa de que só através da incorporação se faz o trabalho da umbanda. Estarão amparados e irradiados, desde que se doem com amor e humildade.

Daquele dia em diante, as filas aumentaram naquele terreiro de umbanda, mas eram filas de gente interessada em aprender com as palestras educativas e evangelizadoras que antecediam o atendimento dos caboclos e pretos velhos, o qual restringia-se aos doentes e magiados. No ambiente físico, aqueles rostos tensos que entravam na casa, ao sair dali, exibiam um sorriso de alívio. No lado astral, as entidades de todas as linhas da umbanda, em intenso movimento, circulavam por entre os filhos de fé, atendendo a cada um segundo seu merecimento e sua condição vibratória. Falangeiros da luz deslocavam-se num constante movimento de socorro a encarnados e desencarnados.

E a cada dia de atendimento, irradiada pelo seu guia, a dirigente daquele templo elucidava aquelas mentes sedentas de aprendizado, enquanto a Luz se fazia sobre as sombras.

12
Arquepadia

"Não é o que entra na boca que enlameia o homem, mas o que sai da boca do homem. O que sai da boca parte do coração, e é o que torna o homem impuro."

Um homem e uma mulher. Um reencontro de duas almas que, sabiam, vinha de muitas vidas. Reacendia um amor que ultrapassava as barreiras da paixão, do amor carnal. Era companheirismo, simpatia, amizade e proteção. Entendiam-se pelo olhar e um sabia quando o outro não estava feliz mesmo quando distantes.

Sem demora, porém, a alegria desse reencontro começou a ser abalada pela angústia que se instalava na mulher. Uma sensação de perda inexplicável, uma tristeza que a estava levando à depressão; sentia vontade de morrer, de fugir da vida.

Ajudada pelo companheiro, foi levada a buscar ajuda junto à umbanda. Era dia de preto velho e, quando ajoelhou-se em frente àquela entidade amorosa, o choro brotou de seu peito, liberando toda energia contida.

Isso possibilitou que se abrisse na tela do tempo um quadro, mostrando à preta velha que atendia aquela mulher o que acontecia no mundo astral e o que provocava todo aquele desajuste emocional.

Uma casinha humilde no meio da natureza exuberante, onde ela vivia realizando um trabalho espiritual de cura. Jovem ainda, estava casada com o mesmo homem que hoje voltava em sua vida. Amavam-se e, ali, viviam felizes. Ele, trabalhador da lavoura, utilizava as ervas que plantava para curar, enquanto ela desenvolvia um atendimento no nível espiritual. Viviam do que plantavam, pois não cobravam pelas curas que realizavam.

Não longe dali, numa casa de prazeres, onde as mulheres vendiam seus corpos aos viajantes que por ali passavam, vivia uma mulher que engravidara e, por estar passando por problemas de saúde, buscou a ajuda da curandeira. De bom grado, esta a atendeu, realizando, inclusive, seu parto e cuidando do bebê após o nascimento, já que a mãe não tinha condições de fazê-lo, pelo lugar em que se encontrava. Como agradecimento, a mãe da criança a entregou como afilhada da mulher que passou a dedicar-se de corpo e alma àquele ser que pensava estar desamparado. Desde então, seu marido começou a apresentar mudanças de comportamento não entendidas por ela. Muito nervoso e estranho, ele queria impedir que a mulher trouxesse a criança para dormir em sua casa. Quando isso acontecia, ele dormia noutro quarto. Simplesmente ele não suportava a presença do bebê, o que levou a mulher a estranhar sua atitude e pensar que se tratasse de preconceito com a mãe. Algum tempo depois, a mãe buscou a criança, mas isso não diminuiu o nervosismo do homem, que andava de um lado para o outro do pátio da casa e nem trabalhava mais. Tentando saber dele o que acontecia, a mulher assustou-se com a resposta. Ouviu dele que aquela criança era sua filha e que naquele mesmo dia partiria com a mãe da criança e a filha para longe dali.

Estupefata, a mulher que o amava loucamente e sabia de seu amor por ela não podia acreditar no que ouvira. Ele se foi, deixando-a só na casa, atordoada e incrédula. O abalo emocional a enlouquecia, dia a dia. Já não atendia mais as pessoas que a buscavam, até que recebeu a visita de um "índio" que vivia próximo dali e se dizia curador, mas que mexia com magia e cobrava por isso. Contou-lhe, então, que havia recebido dinheiro da prostituta para fazer uma amarração em seu marido, a quem desejava conquistar, e que era por ele rejeitada. Contou-lhe que a filha não era dele, mas assim o fez acreditar depois de apenas uma relação sexual, coisa que se tornou fácil de conseguir diante da hipnose em que o envolvera. O índio feiticeiro detalhou como e onde se encontrava a magia feita com uma peça de roupa íntima do homem, roubada do varal onde secavam as roupas lavadas. Usando a energia vital do sangue da prostituta e de outros elementos, ele havia enterrado isso tudo num local lodoso, cujas energias eram apropriadas ao mal. O objetivo do feiticeiro em vir lhe contar tudo isso não era ajudá-la, mas sim arrancar-lhe dinheiro para que então desfizesse a magia, o que traria de volta o seu marido. A mulher, apesar de todo desespero, sabia que não podia agir desta maneira por já possuir uma consciência formada a respeito do mundo espiritual.

Depois disso, em desespero, saiu pelo mundo na tentativa de encontrar seu homem amado e tirá-lo daquela hipnose. Seus dias eram guiados pela obsessão de encontrar o marido, deixando assim de lado todo seu compromisso de curandeira, desarmonizando-se e quase chegando à loucura. Enquanto isso, a lei de ação e reação agia e a hipnose se desfazia, trazendo à realidade a consciência daquele homem, o absurdo que havia cometido. Em sonhos, por várias noites, visualizava o índio que lhe contava como havia sido enganado e enfeitiçado pela prostituta. Além disso, a atual companheira, cedendo aos impulsos sexuais desequilibrados, começou a traí-lo. Instigado pelo assédio das sombras devido à raiva que agora sentia por ela, o homem quase a matou numa das surras que lhe deu por haver descoberto suas traições.

Desesperado e tentando resgatar o passado, abandonou as duas, mãe e filha, e voltou para o antigo lar, onde encontrou sua esposa morta por suicídio[1]. Enlouquecido, tirou sua vida também.

Enquanto cantarolava um ponto de umbanda, aquela entidade de luz, na sua simplicidade característica, movimentava no lado astral as falanges de mirongueiros a fim de desfazer a arquepadia existente na vida da consulente.

Os exus, guardiões da lei divina, que ali estavam sob o comando dos guias espirituais, experientes e treinados na magia, agora deslocavam-se agrupados a alguns pretos velhos para o lugar onde havia sido realizada aquela magia negra pelo índio feiticeiro que, mesmo depois de morto, imantado de tal forma aos seus "despachos magísticos", rondava em espírito aquele lamaçal, arrastando-se, com seu sofrimento e remorso, junto à horda de espíritos escravizados pelo mal.

O material usado na magia já havia sido consumido pelo tempo, mas vibrava ainda o duplo etérico da oferenda, auxiliado pela energia telúrica do local onde fora enterrado, como também pelas entidades que ali habitavam. Assim que foi localizado, entrou em ação a força de exu Brasa, despolarizando e queimando toda a energia que voltou ao depósito natural. Foram desintegradas, também, as formas artificiais que guardavam o local e liberados os elementais da natureza, outrora escravizados e que ali ainda se encontravam, obedecendo às ordens dadas pelo feiticeiro, na época.

O espírito do índio, atraído pelo movimento da espiritu-

---

1 Nota da médium: o suicídio é uma forma covarde de fuga. Sem se dar conta de que a vida, uma vez criada, é imortal, o suicida se vê vivo do outro lado, penando as conseqüências de seu ato destrutivo e marcando seu corpo espiritual e sua consciência para as próximas encarnações. A pessoa com essa tendência necessita de tratamento terapêutico em nível psíquico e espiritual, para que se despolarizem de sua memória perene as fraquezas e tendências negativas que o induzem a repetir o ato, sob a pressão dos reveses normais da vida.

alidade de luz pediu por misericórdia que o tirassem de lá, pois não suportava mais tanto sofrimento. Ele e muitos outros foram então levados a outro local para que recebessem auxílio, de acordo com o merecimento de cada um, não sem antes provar que realmente havia arrependimento sobre os feitos do passado.

– Filha, tenha fé, reconquiste a sua auto-estima e valorize a vida. Todo esse desconforto e tristeza que vinha sentindo sem nenhum motivo aparente deviam-se à ressonância de um quadro do passado, onde uma arquepadia ainda vibrava, fazendo brotar culpas e medos. Na época do acontecido, por algum motivo, a filha e seu companheiro amado tinham que passar por uma provação que foi acentuada pela magia de um espírito infeliz, que hoje foi socorrido.

– Essa arquepadia é alguma doença?

– Não, filha, arquepadia é uma magia que perdura pelo tempo, vibrando e atuando além da vida onde foi realizada.

– Isso quer dizer que eu estava sendo vítima de uma magia feita em outra vida?

– Vítima não é bem o termo certo, filha. Nada do que é permitido que soframos em nossa vida é contrário à Lei maior. Quando isso ocorre, logo são acionados mecanismos dessa mesma lei, que interferem socorrendo quem tem direito. Se perdurou pelo tempo, foi porque todo o quadro e todos os envolvidos não souberam se liberar da provação solicitada para resgate cármico e, diante da dor, optaram por "fugir" da responsabilidade assumida. Porém, agora, quando todos retornam em condições de superar e terminar o que haviam iniciado, auxiliados pela moeda da caridade prestada e pelo amor que os une, a cura foi permitida. Siga seu caminho, filha, sendo e fazendo feliz a quem a seu lado precisa caminhar. Lembre sempre que o amor verdadeiro ultrapassa todas as barreiras, pois ele é eterno, como a vida.

Na saída, ela sorriu feliz e aliviada ao receber o abraço daquele companheiro amado que a aguardava na porta. Havia retirado um peso de sua alma e agora pensava em viver... somente em viver e amar.

13
A luz e as trevas

> "O objetivo da religião é conduzir o homem a Deus; ora, o homem não chega a Deus senão quando está perfeito; portanto, toda religião que não torna o homem melhor não atinge seu objetivo."

Os médiuns da corrente, vestidos de branco, ajudavam a harmonizar o conjunto formado pelo congá iluminado por velas e enfeitado pelas flores. Nas paredes, alguns quadros pintados pictograficamente com a figura de pretos velhos e de caboclos era o que tinha de mais luxuoso no local. Aquele era um humilde terreiro de umbanda, em que a espiritualidade de luz encontrou energia propícia para atuar, auxiliando de maneira grandiosa os espíritos necessitados, tanto na carne quanto fora dela.

Havia, além da humildade dos médiuns, muita sabedoria naqueles espíritos reunidos outra vez por força do amor universal. Ali desciam espíritos de altas hierarquias travestidos na simplicidade de um preto velho ou de um caboclo, incitando os medianeiros a exercerem seu mandato em parceria com o mundo maior.

Muitas vezes, sem recursos financeiros adequados para cumprir com as obrigações mensais de sustentação da casa material, os trabalhadores tiravam de seus próprios salários o que faltava no caixa. Entre si mesmos, procuravam sanar as deficiências que surgiam, ora aqui, ora acolá, ajudando-se mutuamente para que a vibração energética que formava a egrégora da corrente não baixasse.

Do outro lado, no plano onde habitam os espíritos, aquele simples terreiro refletia-se como um ponto de luz dos mais importantes, agindo como pronto-socorro, como portal que levava ao céu aqueles que já não suportavam mais o sofrimento do inferno. Lugar onde a vida renascia, onde a ajuda divina se fazia através da caridade ensinada por Jesus. E aquelas paredes simples do plano terreno lá se ampliavam, tornando-se um imenso salão, organizado com aparelhagens sofisticadas e de última geração no campo da ciência de cura, onde atuavam médicos e curadores. Outras salas funcionavam com setores onde a justiça exercia sua força, quando necessário se fazia com os espíritos ainda renitentes para lá enviados pela assistência da Lei.

Incontável era o número de assistidos pela bondade divina que tinham a vida resgatada através daquele simples e humilde terreiro de umbanda, que na verdade era um portal de retorno à luz.

E os médiuns nada disso sabiam, mas lhes bastava ver retornar o sorriso à face dos consulentes que, ao chegarem ao local, geralmente vinham aborrecidos e sofridos. Trabalhavam com e por amor, tão somente, na caridade, sem nenhum retorno aparente.

Do outro lado da mesma cidade, junto a um bairro elitizado, um médium que havia, há tempos, trabalhado na mesma corrente mediúnica daquele terreiro humilde da periferia, fundou outro local para exercer sua mediunidade. Insatisfeito com a pobreza do antigo terreiro e tendo a opinião de que a umbanda deveria evoluir, passou a fazer alguns cursos sobre magia, com pessoas das quais não conhecia a idoneidade. Como havia pagado caro pelo aprendizado, achou justo que, ao aplicar aquilo tudo, precisaria de um retorno financeiro e, por isso, vendia[1] fichas de atendimento, além de cobrar grandes quantias por trabalhos especiais que realizava para certos políticos de renome, no que se tornou especialista.

Logo construiu instalações novas e modernas, colocando o nome da instituição em painel luminoso na frente da construção, para chamar a atenção do público, além de comercial em jornais e rádios da cidade. Conseguiu muitos médiuns que a ele se aliaram, justamente pela sofisticação do local, e que faziam questão de exibir roupas de seda ou cetim, dando brilho especial à corrente. No congá, além das toalhas de renda fina, mantinha castiçais e velas exuberantes que exalavam perfume no ambiente. As filas iniciais logo já não existiam mais, pois agora o atendimento se restringia a uma pequena parcela mais abastada de pessoas que marcavam hora .

No ambiente espiritual, aquele luxo todo era inexistente e o que se podia observar era uma desordem de energias densas, as quais alimentavam falanges de espíritos chamados de quiumbas, marginais do mundo astral que vibravam no negativo e se alimentavam da energia dos humanos que ali freqüentavam em busca de soluções imediatistas e fora da lei. Não havia luz alguma a iluminar o congá, e as entidades que orientavam os médiuns visavam apenas a fomentar o orgulho dos mesmos, dando-lhes ilusórios poderes mediúnicos que eram retribuídos pelos consulentes com quantias vultuosas de dinheiro ou ricos presentes.

---

[1] "Fuja correndo de quem cobra por consultas ou trabalhos. Na umbanda não existe nenhum tipo de cobrança. Não existe barganha na espiritualidade superior! Existe na inferior. Se você estiver disposto(a) a pagar o preço, que pague. Mas não diga que foi na umbanda que você fez esse tipo de coisa. Mesmo que o dono do lugar se diga de umbanda e se apresente como Pai no Santo. Lembre-se sempre: a umbanda é caridade!", Iassan Ayporê Pery.

Em vez de cura, ali se processavam o início ou a continuidade de doenças pelas larvas astrais deixadas nos corpos etéricos dos atendidos. Com o passar do tempo, desajustados e desequilibrados, muitos médiuns entraram em depressão e ali não encontraram o alento. Por merecimento e intuídos por seus verdadeiros protetores, foram se socorrer em outros templos onde se praticava a verdadeira umbanda.

Nas bandas de Aruanda, reuniam-se em costumeira assembléia vários espíritos convocados pela Grande Fraternidade Branca, com a finalidade de rever o auxílio aos irmãos encarnados do planeta. Definiu-se que precisavam de medidas urgentes e mais ofensivas, uma vez que as trevas estavam avançando desrespeitosamente, ultrapassando até o livre-arbítrio das criaturas. E de lá foram enviados ao plano terreno verdadeiros exércitos de combatentes, guerreiros da luz cuja incumbência era fazer valer a lei e amenizar os ataques sofridos pelos locais onde se trabalhava para o bem, como os centros espíritas e de umbanda.

Muitos locais foram visitados e muitos espíritos de lá retirados e entregues à justiça, mas como a sabedoria e o poder da magia não são atributos só da luz, travou-se grande batalha entre o positivo e o negativo. Magos negros, avalizados por médiuns negativos ou negociantes das trevas, estabeleciam-se poderosamente em locais que falsamente se denominavam centros de umbanda.

Depois disso, aquele terreiro humilde continuou a brilhar a luz da caridade, amparado pela força do amor, enquanto o outro local onde a escuridão se escondia atrás de um letreiro luminoso e de castiçais dourados também permanecia aberto a todos quantos se afinizasse com os milagres ali processados, até que se esgotassem naqueles filhos de Deus as más tendências impressas em seus espíritos. Coisa que, provavelmente, se daria por intensa dor, que drenariam no físico ainda enquanto encarnados e se prolongaria pelos umbrais depois do desencarne, no ranger de dentes que os aguardava. Seus pretensos "protetores" lá estariam, esperando para transformá-los em seus escravos, pois a lei de ação e reação impera tanto na vida quanto na morte, tanto na luz quanto nas trevas.

Que saibamos escolher se queremos para nós um céu humilde ou um inferno abastado, cientes de que, antes de *estarmos* matéria perecível, *somos* espírito imortal.

14
A maior festa

"Oi corre a gira, meu São Jorge
Filho quer se defumar
Umbanda tem fundamento
É preciso preparar
Cheira incenso e alecrim
Cheira arruda e guiné
Umbanda tem fundamento
Defuma[1] filho de fé."

O cheiro agradável das ervas queimadas no defumador espalhava-se pelo templo, harmonizando a todos que aguardavam o início da gira. Naquele dia, a programação era uma festa em homenagem ao orixá Ogum, cujo dirigente espiritual do templo pertencia à suas falanges.

Os atabaques iniciaram as homenagens com um ponto cantado, exaltando a bravura dos guerreiros de umbanda que,

---

[1] A defumação é a queima ritualística de certas ervas ou essências sólidas que, quando bem preparada, produz efeitos surpreendentes, como se limpasse do corpo físico o que o banho comum não limpa. Lembramos que esse método não é utilizado apenas pela umbanda, mas também no catolicismo, no budismo, no islamismo, entre os índios das Américas e, praticamente, em todas as seitas. Isso mostra a ancestralidade da defumação e da própria umbanda e a importância da mesma como elemento de higienização do ambiente e dos indivíduos. Quando da queima das plantas, há o desprendimento de energias positivas que elas encerram. A finalidade é afastar as negativas, despertando o psiquismo do médium e condicionando sua mente para os guias. Certas ervas provocam reação de maneira tão agressiva e incômoda sobre espíritos mais atrasados que eles são compelidos a se retirar.

com sua espada da Lei, impõem a ordem não só no terreiro, mas sobretudo no submundo astral.

> Ogum capacete de aço
> Senhor vencedor de demanda
> Empunha tua espada, meu Pai
> Se tem filho teu magiado na quiumbanda[2]

Enquanto os médiuns incorporavam seus protetores, na assistência alguns convidados estavam atentos a tudo o que ocorria junto ao congá iluminado. De repente, no meio deles alguém soltou um grito e se atirou ao chão, debatendo-se como se convulsionasse, causando susto aos que o rodeavam e transtorno à corrente de médiuns.

Imediatamente, o cambone responsável dirigiu-se ao dirigente do templo, que estava incorporado, e perguntou que providências deveria tomar. Foi instruído para que retirasse do templo a pessoa que havia incorporado um egun, pois naquele dia não haveria atendimentos, por se tratar de gira festiva. A contragosto, o cambone obedeceu e, enquanto tentava arrastar o rapaz para fora do templo, ajudado por outras pessoas, este deu um salto e bradou um grito de guerra, dedo em riste como se empunhasse uma espada, e com voz firme e forte falou, enquanto os atabaques se calavam:

– Das falanges de Ogum de Lei eu venho e me sirvo agora deste aparelho, após retirar dele e encaminhar aos caminhos de volta um irmão vosso que aqui veio buscar ajuda, atraído pela luz deste congá. Saúdo os filhos de fé desta corrente, saúdo seu comandante e, em nome da imensa tropa que compõe os falangeiros da Lei, agradeço a homenagem ao nosso sagrado

---

[2] "Quiumbanda" é diferente de "quimbanda". A quiumbanda se constitui das entidades chamadas de quiumbas, espíritos atrasados na evolução e que se comprazem em fazer o mal. São ligados à magia negra.

orixá. A luz se faz maior quando o coração de seus guerreiros está em festa, mas a festa maior para a luz é a caridade em ação. Como um médico que não tem o direito de abster-se do socorro ao adoentado, mesmo estando no aconchego do lar ou na festa social, assim não pode o medianeiro, que se dispõe a compor as fileiras do bem, negar-se ao atendimento daqueles que vêm estropiados pela colheita de seus maus plantios. Prossigam com a homenagem, lembrando, porém, que deste lado onde atuamos serão aproveitados todos os elementos usados e sentimentos vibrados, para atuar no amparo daqueles cuja festa é poder sair da escuridão. Ogum yê!

Quando a entidade retirou sua irradiação do médium, este se sentou, ainda meio atordoado e sem entender o que se passava. Envergonhado pela atitude involuntária, saiu do templo sem receber nenhuma instrução.

O dirigente, que como os outros médiuns da corrente, embora irradiado por seu caboclo, estava consciente, podendo assim interferir por sua vontade na passagem do mundo espiritual, preferiu ignorar a mensagem de Ogum e ordenou que os atabaques voltassem a soar. E a festa prosseguiu.

Nenhum juiz, no entanto, é tão rígido na aplicação da Lei como nossa consciência. Ao se deitar para o descanso noturno, o médium, cuja responsabilidade era dirigir aquele templo, obrigação recebida e assumida no mundo astral antes de seu reencarne, começou a repensar sobre o ocorrido horas antes e foi inevitável o acordar de suas culpas, refletindo sobre as palavras do visitante.

Apesar da culpa, pensou que agora não havia mais o que fazer e, após breve oração, adormeceu. Ao sair do corpo físico, seu corpo espiritual se viu incomodado diante de um grande tribunal onde um juiz decretava sua culpa e sentenciava sua prisão.

Foram noites tumultuadas pela repetição desse pesadelo e, quando sua saúde já refletia seu estado emocional em desordem, foi se socorrer junto a um preto velho que atendia aos consulentes, pitando seu cachimbo e cantarolando feliz.

– Salve, meu Pai, estou angustiado por um pesadelo que me atormenta as noites...

– Saravá, zi fio! Não precisa se explicar, pois o nego véio já viu tudo... eh, eh...

Após umas baforadas de fumaça e algumas benzidas com o galho de guiné, estalando os dedos, Pai Inácio envolveu o corpo energético daquele filho num eflúvio de energias que agiam como detonadores das formas-pensamento que se aglutinavam sobre sua cabeça, auto-obsediando e levando à tortura mental. Com seu cantarolar alegre, atingia através das ondas do som seu corpo emocional desequilibrado pela culpa, provocando uma catarse de choro para a devida limpeza.

– Zi fio precisa saber que a culpa não é remédio e que a humildade em aceitar nossos erros está no fato de evitar que se repitam. A responsabilidade de direcionar os filhos da corrente no trabalho mediúnico é pesada, mas também é dadivosa oportunidade de acertar os erros do passado. E se assim é, dos "escolhidos" não se exige perfeição, apenas dedicação. Cada pedra e cada tropeço mostram aos filhos de fé que é preciso limpar o caminho, observando melhor o que nele se apresenta. Aquele filho que passou a mensagem, embora neófito, estava ali não por acaso, mas como médium escolhido por aquele a quem vocês homenageavam. Nem sempre os pais vêm ao mundo para ensinar os filhos, mesmo tendo chegado primeiro. Muitas vezes, espíritos em corpo de criança assinalam uma sabedoria invejável e mostram aos adultos onde se localizam as necessidades de mudanças a serem feitas. O Pai, na sua magnitude e benevolência, usa de instrumentos vários para nos despertar e nem sempre vem "do alto" a receita do remédio que efetuará nossa cura. Às vezes, ela está naquela plantinha empoeirada na beira da estrada que, transformada em chá, atua como poderoso bálsamo. E nem sempre a cura vem através do alívio da dor, mas sim através do agravamento momentâneo dos sintomas. Assim sendo, zi fio, atente para as mensagens e tire delas o seu remédio. Alivie sua consciência transformando suas ações, sem deixar que o orgulho dite as regras. Antes de adormecer, faça um chá de melissa e o adoce com o açúcar da humildade, que ele vai curar suas noites maldormidas, mas não se esqueça de rezar a oração de São Francisco. Saravá, zi fio. Nego véio o abençoa em nome de Zambi.

Nada mais foi dito. Agora era preciso começar a fazer todos os dias a oração recomendada, que a cada noite era mais bem interpretada. Ele não podia só "orar": era preciso a "ação" para que ela se transformasse numa verdadeira *"ora-ação"*.

Que seus atos idenfiquem seu rumo.

15
Sete Saias

> "Todos vós podeis dar; em qualquer classe que estiverdes, tendes alguma coisa que podeis partilhar."

Um piteuzinho! Assim chamariam aquela jovem de traços delicados, corpo miúdo e longos cabelos negros cacheados, se o bordel onde trabalhava se localizasse nas terras do Brasil.

Meados de 1850, Paris.
Nos salões refinados, uma nova modalidade de dança, que mais tarde se chamaria can-can tomava conta e, com ela, as vedetes conquistavam sucesso e a preferência dos lordes franceses.

Ludovique era a menina preferida de Madame Celeste, que a usava como chamariz para atrair os homens até o local que, disfarçado de clube aristocrático, escondia fino prostíbulo nos fundos do prédio.

A menina Ludovique havia chegado de uma cidadezinha do interior chamada Rouen, há pouco tempo. Desamparada pela orfandade, fora trazida por um *colporteur*, espécie de mascate da época que, encantado com sua beleza, a negociara como já era de seu costume, com Madame Celeste, a troco de algumas noitadas de diversão no cabaré.

No balcão, ficava sempre em destaque a bailarina mais vistosa. O lugar logo coube a Ludovique, após algum treinamento para que sobressaíse, além da beleza estonteante, a sensualidade que fascinava aos homens, cujas esposas escondiam seus corpos atrás de longos vestidos, sendo impedidas de mostrar qualquer parte do corpo além das canelas, pela educação da época. Madame Celeste, apesar de ser a *maîresse* do cabaré, tinha um bom coração, e a menina Ludovique logo caiu nas suas graças pela ingenuidade quase infantil que demonstrava, nos seus 17 anos.

Altas quantias começaram a ser ofertadas em troca da companhia de Ludovique, mas conforme lhe havia prometido Madame Celeste, ela trabalharia no local somente como bailarina, até que tivesse adquirido sua maioridade. Alguns homens, enlouquecidos e bêbados obrigavam a madame a recolher Ludovique cedo da noite aos seus aposentos. Logo o ciúme das outras vedetes se fez notar, sendo suscitado pela preferência da "maitresse". Elas começaram, então, a incentivar os visitantes a exigirem a companhia da menina, e essa atitude obrigou Madame Celeste a afastar por algum tempo a linda vedete de seu balcão, para protegê-la.

Quando os ares se aquietaram, Ludovique voltou a bailar, exibindo sua beleza dentro de um vestido cor-de-rosa, com lindos babados rendados, cuja simplicidade combinava com seu rosto quase angelical. Com uma flor no cabelo e um lindo sorriso maroto, requebrando e saltitando seu corpo esguio, contemplava a platéia em delírio com sua simples presença. Aos gritos, solicitavam que ela jogasse a flor do cabelo a um dos presentes, que poderia pelo menos bailar com ela, uma música que fosse.

Uma bela noite, enquanto todos deliravam, abriu-se a porta

do salão e os olhos de Ludovique foram atraídos pela visão de um cavalheiro cujo olhar a incendiou. Paralisado pela beleza daqueles olhos, ele sorriu e, retirando o chapéu, a saudou. Mesmo sendo um forasteiro na cidade, pois viera da América a negócios, ousou conhecer a noite parisiense e, por indicação, foi ao salão de Madame Celeste.

Acostumado que estava aos *saloons* da América, nunca havia encontrado neles um rosto tão angelical. Ela, presa pelo magnetismo daquele sorriso, impensadamente jogou-lhe a flor e bailou, como se fosse uma pluma ao vento, com aquele homem alto cuja força contrastava com a sua fragilidade. Olhos nos olhos, corações palpitantes e uma alegria intraduzível fizeram-nos crer que aquilo era um reencontro de duas almas amantes.

Sob o espanto de alguns e a admiração de outros, o enlevo os levou a esquecer do resto do mundo, até que Madame delicadamente a trouxe de volta ao balcão para continuar com seu trabalho.

No dia seguinte, Ludovique não amanheceu em seu quarto. Havia fugido com o forasteiro. Sentindo-se traída e também preocupada com o bem-estar da menina, Madame Celeste mandou seus homens de confiança atrás do casal com ordem de trazer Ludovique de volta. A perseguição aos fugitivos fora da cidade resultou num acidente fatal para Ludovique, que morreu esmagada pelo peso da carruagem em queda no despenhadeiro.

Abalada pela tragédia, Madame Celeste, que amava aquela menina como se fosse sua filha, acabou em profunda depressão pelo remorso e pela culpa. Deu ao corpo de Ludovique um enterro de luxo, pagando alta soma à Igreja para que tivesse direito a um lugar no cemitério, uma vez que ela era considerada uma "mulher da vida". Por longos anos, levou ao túmulo de Ludovique flores e suas lágrimas.

O forasteiro voltou à sua terra, mas deixou em Paris um pedaço de sua alma. E seus dias, banhados pela saudade de tão breves, mas mágicos, momentos fizeram dele um sofredor que chamava incessantemente pela morte. Em vez dela, seu desespero atraiu o espírito de Ludovique, que não conseguia se desprender do plano terreno e que também buscava a presença de seu homem.

Sentindo enlouquecer, o forasteiro buscou a ajuda de um xamã, que encaminhou o espírito de Ludovique e tratou do corpo e da alma daquele homem. Com a promessa de novo reencontro em uma próxima vida, eles despediram-se, seguindo cada um sua caminhada.

E em cada vida há de haver, em algum lugar, o encontro de olhares que se reconhecerão e farão dois corações palpitar mais forte. Assim será até que, pelo resgate de carmas pendentes, ambos possam, sob as bênçãos dos céus, darem-se as mãos e seguirem o mesmo caminho, assinalando, assim, que tudo está escrito nas estrelas.

Madame Celeste, que ainda por longos anos pagou altos impostos aos cofres parisienses para poder manter as portas de seu salão abertas, ao mesmo tempo em que permitia a proliferação da prostituição cuidava das raparigas como se fossem suas filhas.

Morreu idosa, chamando por Ludovique, cuja presença espiritual se fez notar ao lado de seu corpo quando se desligava entre as dores lancinantes de um câncer.

2006, Brasil.
Sua gargalhada se fez ecoar no terreiro. Baixava pombagira Sete Saias e, com seu bailado alegre, enchia o ambiente enquanto limpava seu aparelho. Viera fazer caridade nas trilhas da Luz.

Madame Celeste, em corpo astral, ocupava o corpo físico de quem fora em Paris Ludovique, para juntas terminarem uma missão inacabada. Agora, usando as mesmas energias que um dia depravaram muitos seres, trabalham na cura e no reequilíbrio, para recolocar cada tijolo no devido lugar da grandiosa construção chamada Universo.

Salve, pomba-gira Sete Saias.
Salve seu axé e sua força...
Sete saias, sete ritmos e sete cores,
 Ia, ah, ah, ah!
Salve todos os exus.

16
Nhô Benedito

"Que a vossa falange se arme, pois, de resolução e de coragem! Mãos à obra! A charrua está pronta; a terra espera; é preciso trabalhar."

– Saravá, zi fio. Senta aqui neste toco, em frente à nega véia. Com a permissão de Nhô Benedito, nego mandingueiro de coração molinho, que lhe protege nessa vida, vou batê as tramela com suncê. Desde quando, no perdido dos tempos, dois amigos, quase irmãos, se encontraram em mais uma encarnação terrena, e como pastores de rebanhos de ovelhas ganhavam a vida, nas montanhas frias daquele país europeu, fixaram em seus destinos uma promessa, um compromisso de ajuda mútua, para tentarem resolver pendências ainda existentes em suas almas. Pastorear significa cuidar, orientar, dirigir, mas sobretudo amparar. Aqueles dois jovenzinhos sonhavam com o dia em que poderiam largar aquela vida medíocre e, com muito dinheiro, então comprar aquelas terras e virar donos daquilo tudo, deixando de ser simples empregados. E neste sonho, tantas vezes deitados sobre a relva fitando as nuvens que dançavam no céu, esqueciam-se dos animais e os perdiam para os lobos. Na volta, o castigo do patrão e a raiva que aumentava, cristalizando-se em seus sentimentos, marcando indelevelmente seus corpos espirituais com manchas escuras, quais feridas que a cada vez inflamavam mais e mais. Suas mentes ambiciosas iniciaram um processo de auto-obsessão, e eles planejaram juntos um golpe que lhes daria o dinheiro necessário para se livrarem daquela vida indesejada para ambos. Naquele dia, ao entardecer, levariam o patrão até o cais, onde embarcaria para um lugar distante a negócios. Sabiam que ele levava consigo, além de dinheiro, boa quantia em ouro e algumas pedras preciosas, as quais negociaria com industriais de outras terras. No meio do caminho, abateram como um lobo abatia as ovelhas, sem pena nem dó, aquele homem ao qual atribuíam a culpa de suas vidas medíocres. Apoderando-se da pequena fortuna, fugiram e, longe dali, tentaram refazer sua caminhada, imbuídos da vontade de enriquecer e inspirados pelos iguais que a eles se afinizavam no mundo astral. Como tudo aquilo que entra fácil sai fácil também, pela inexperiência de ambos em negócios, em pouco tempo perderam tudo o que haviam roubado, em festas e bebedeiras. Quando o deslumbre e o dinheiro acabaram, acabou-se também a amizade e, cada um para seu lado, mendigaram pelo pão e pela água até o final de seus dias. E em tantas noites dormindo ao relento, sofrendo o frio, a fome e o desalento, olharam para o céu estrelado e, saudosos, lembraram da juventude simples mas tão rica em tudo que hoje lhes faltava. Lembravam da cama limpa e quentinha que o patrão lhes oferecia toda noite, após farto prato de alimento que lhes abrigava o estômago faminto; das botinas e roupas aconchegantes que lhes protegiam o corpo. E assim foram entendendo que eles tinham sido maus para com a vida. Desencarnaram em lugares diferentes, mas em tempo próximo, e inevitável foi o encontro do outro lado. Rastejaram por muito tempo em lugares de dor e ranger de dentes e, quando se arrependeram e se limparam da energia que carregavam, foram socorridos por um espírito que os amparou e curou as suas feridas com muito amor. Ao reconhecerem quem os havia libertado dos umbrais da terra, caíram por terra de joelhos em pranto sem fim. Ele era o antigo patrão que os dois amigos haviam assassinado friamente. Sem lhes dar tempo para sentirem-se humilhados, modestamente aconchegou em seu peito aqueles que, para ele, ainda eram seus dois meninos pastores, dizendo-lhes que sempre os amou pois o que os ligava espiritualmente era superior a tudo o que havia acontecido. E, depois de algum tempo, ficaram sabendo que eles teriam sido naquela vida seus herdeiros já gravados em testamento, uma vez que o patrão não possuía filhos. Com o tempo, novas vidas, novas lições se fizeram necessárias para aqueles espíritos, sempre buscando aprender sobre o amor e a humildade. Tentando curar o câncer do orgulho e da ambição, veio a escravidão, veio a penúria, vieram muitas dores, mas Deus, que a tudo está atento o tempo todo, não deixou que se separassem os dois amigos que hoje amam-se incondicionalmente. Um no mundo espiritual e outro na carne, suncê zi fio e seu nego véio Nhô Benedito estão hoje na estrada certa, rumo àquele sol que os espera no horizonte. Ainda pastoreando, hoje não mais ovelhas, mas almas; não mais rebanhos organizados, mas precisando buscar os perdidos, necessitam ainda defendê-los dos lobos que insistem em atacar ao menor descuido. Nega véia abençoa zi fio com as contas do rosário de Nossa Senhora, mãe de Nosso Sinhozinho Jesus Cristo. Saravá![1]

---

[1] Mensagem endereçada a um dirigente umbandista que trabalha com o preto velho Nhô Benedito.

17
Marca registrada

> "Ainda que eu tivesse a linguagem dos anjos; que eu tivesse o dom da profecia, e penetrasse todos os mistérios; que eu tivesse toda fé possível, até transportar as montanhas: se não tivesse caridade, eu nada seria."

Pai Tomás trabalhava, já há muito tempo, naquele templo onde a luz da divina umbanda espargia seus filetes da caridade desinteressada. Remexendo no fumo do cachimbo, divertia-se vendo a fumaça desenhar figuras no ar, enquanto batia o pé descalço no chão ao toque da curimba. Ali, aguardando o início dos atendimentos dos filhos da terra, através do médium que lhe servia de instrumento, lembrava saudoso de uma encarnação onde foi rico fazendeiro e tinha como marca registrada fumar o cachimbo adornado com pequenas pedras preciosas incrustadas na madeira nobre, queimando nele o melhor fumo importado das terras do Brasil.

Quanta riqueza havia acumulado em seus cofres naquele tempo, mas quanta dívida havia adquirido para seu espírito, penhorando bens imutáveis que o levariam a descer os degraus do planeta que o acolhia naquela encarnação com um propósito tão grandioso. Relembrava de seus dedos adornados de anéis, jóias raras que fazia questão de exibir para mostrar aos seus subordinados o poder que tinha sobre eles. Invejado e odiado, não angariou amigos e, quando as portas da vida material se fecharam para ele, seu trono desandou em um precipício sem fim, sem ter uma mão sequer estendida para o amparar. Foram longos e árduos dias de lamento pelo tempo perdido em futilidades que seu espírito haveria de tentar recuperar, subindo degrau a degrau, conforme fizesse merecer.

E, nesse enlevo, lembrava de alguns filhos da terra, seus irmãos encarnados que hoje se ajoelhavam na frente dos pretos velhos para pedir riquezas e sucesso em suas vidas. Como ele poderia lhes puxar a orelha ou julgar suas atitudes, seus desejos, se ainda estava latente a lembrança daquele homem que ainda vivia dentro dele tentando mudar seus conceitos de riqueza?

Pensou e pensou... e, olhando a fumaça que subia à sua frente, envolveu-se numa prece direcionada ao Pai Oxalá, pedindo clemência aos erros dos homens, crianças que vagam por sobre a terra, iludidas, acreditando que o doce do pirulito dura por todo o sempre. Pediu sabedoria para todos aqueles que orientam e humildade para os que precisam aprender, revisando os valores que correm por entre os dedos das mãos de cada um deles. E agradeceu pelos degraus que desceu e pelo aprendizado que essa descida proporcionou ao seu imortal espírito.

Assim, repassou ao médium sua emoção, que precisou da ajuda do camboninho para limpar-lhe as lágrimas que corriam pelo rosto, enquanto repassava a este eflúvios de um amor tão grande que o levou a agradecer o menino, com um grande e apertado abraço. E, como os braços e abraços do amor são contagiantes, o cambone também se emocionou e chorou, agradecido ao preto velho.

E os braços e abraços do Pai Tomás envolveram muitos filhos de fé que ali naquele terreiro se socorreram naquela noite. Alguns buscando alento à dor física, outros querendo emprego, outros ainda querendo dinheiro, carro novo, fama, amores, sonhos, vida... Não faltavam os mal-informados a respeito da umbanda, que vinham em busca de "amarrações e feitiços".

Pai Tomás, sorrindo e cantarolando, tinha uma palavra para todos. Ele pensava que se ali se encontravam é porque dali levariam algo de bom para suas almas. Entendia que nenhum homem é mau na sua essência, mas apenas ignorante das Leis maiores, e que todos merecem ser ensinados, antes de serem repreendidos. Contava histórias e estórias, mandingava a quem se fizesse necessário, curava com suas ervas e, sempre e a todos, abraçava.

Ao final da noite, quando os médiuns encerravam os atendimentos e os pontos cantados anunciavam que os pretos velhos já voltavam para Aruanda, o camboninho que servia a Pai Tomás, após ganhar o habitual abraço daquele espírito ali incorporado, perguntou-lhe por que gostava tanto de abraçar.

– Meu camboninho, preto véio é muito meloso, eh, eh. Houve tempo, zi fio, que este espírito perambulou pela face da Terra sem os braços, depois de ter usado os dois membros saudáveis que possuía só para ostentar neles jóias caras, obtidas com o trabalho escravo de braços valorosos que lhe serviam. Enchi os cofres de ouro naquele tempo e, depois, não tive o suficiente para comprar o pedaço de terra que abrigaria meu corpo cansado e morto pela fome. Enquanto perambulava sem meus braços, chorei lágrimas amargas de dor, desejoso de braços que me enlaçassem curando as feridas da minha alma cativa. E nessa estrada, zi fio, este espírito aprendeu que cada dedo de nossas mãos tem um valor específico e que um braço nos é dado para receber, outro para doar e os dois juntos para abraçar.

Saravando os filhos do terreiro, lá se foi bater cabeça no congá, subindo para, junto aos seus irmãos, continuar o trabalho em outros lugares, talvez com outros nomes e outras vestes, mas distribuindo a todos calorosos abraços que hoje eram sua marca registrada.

18
A imagem do Cristo

> "Todo aquele que me confessar e me reconhecer diante dos homens, eu o reconhecerei e confessarei também eu mesmo, diante de meu Pai que está nos céus; e todo aquele que me renegar diante dos homens, eu o renegarei também, eu mesmo, diante de meu Pai que está nos céus."

A imagem do Cristo, iluminada por uma tênue luz azul-clara, destacava-se no alto do congá. Única imagem entre lírios brancos, alguidares com água, uma pedra ametista, velas e incensos. A alva toalha que caía até o chão sobrepunha as firmações aos protetores que davam a segurança necessária à corrente mediúnica, bem como ao local.

Desde a fundação daquele templo de umbanda, sempre foi assim, porém agora chegava ao grupo um médium vindo de outra casa que questionava o dirigente sobre a presença da imagem representando Jesus. Para ele, Jesus não pertencia à corrente de umbanda e não tinha nenhuma coerência a sua imagem em destaque no congá.

O assunto já causava polêmica no meio dos médiuns, que formavam duas correntes distintas: uma a favor da imagem do Cristo, e outra que concordava em retirá-la. Por isso, criou-se no ambiente uma egrégora nada agradável, atrativo inevitável às entidades que fomentariam aquela situação de discórdia.

O dirigente que, a princípio, não se incomodou com o assunto e que, devido às suas inúmeras ocupações, não percebeu a extensão que aquela energia tomava no grupo, foi surpreendido com uma correspondência em sua caixa postal, onde um abaixo-assinado da maioria da corrente mediúnica, exigia a retirada da imagem de Jesus.

Embora surpreso e contrariado, mas acostumado aos embates da vida, serenou sua mente e solicitou aos seus protetores que o iluminassem com a sabedoria para que pudesse resolver a situação sem macular ninguém.

Naquela noite, reuniram-se para a gira mensal de preto velho. Tudo corria normalmente, até que um dos médiuns pertencente à corrente que estava contrária a permanência da imagem sentiu-se mal e, ao ser socorrido, incorporou de maneira inconsciente um quiumba que se arvorou de dono daquele aparelho, além de chefe de uma falange poderosa. Bradava que exigia a retirada daquela imagem do congá ou baixaria ali, nos médiuns, toda sua turma para acabar com aquele lugar.

Imediatamente, todos os pretos velhos que ali se encontravam se movimentaram e, no lado astral, aliados aos exus de sua serventia, imobilizaram aquele espírito confuso em suas crenças e atitudes, retirando-o do médium, que desmaiou pelo choque energético a que se expôs.

Depois de voltar a ordem no terreiro, e sob o olhar espantado de alguns médiuns, uma preta velha manifestou-se com toda sua humildade e sabedoria:

– Salve, zi fios! Negra velha sabe que os filhos da corrente se assustaram com a ameaça daquele irmão sofredor que se apresentou aqui. Mas alguém de vocês acaso se perguntou como ele conseguiu entrar neste local e tomar conta de um aparelho, formando tais ameaças? Não seria lugar e hora dos médiuns liberarem seus aparelhos para os pretos velhos atuarem através dos filhos para praticar a caridade? Devem estar se perguntando como é que nós, que atuamos deste lado, não evitamos a entrada de tais entidades aqui dentro. E eu lhes respondo que a luz só se faz onde existe combustível para sua permanência, e as trevas só atuam quando a luz se faz ausente. Cada filho da corrente escolhe se quer segurar a vela acesa e estar sujeito aos pingos quentes gotejarem sobre suas mãos, ou apagá-la para evitar queimaduras. Quando buscamos a vibração superior, temos proteção superior; da mesma forma, quando nos envolvemos em energias de baixo teor vibratório, nos adensamos, ficamos pesados e, conseqüentemente, afundamos, irmanando-nos aos iguais. Quando se criaram aqui dentro da corrente pensamentos de discórdia por um motivo tão fútil, ficaram expostos aos seres que espreitavam os filhos invigilantes. Que lhes importa se deve ou não existir a imagem de Jesus no congá? Ele ali representa apenas o que deveria estar gravado em vossos corações. Jesus não é da umbanda e nem de religião nenhuma desta terra. Como representante do Cristo Planetário, encarnou na Terra justamente para mostrar que os verdadeiramente grandes se fazem pequenos. Depois de Sua passagem pela terra, tantos irmãos já se digladiaram disputando sua imagem, ou vendendo-a vulgarmente. Independentemente do sincretismo, Jesus representa a energia ou vibratória de Oxalá, cuja luz desceu às trevas para iluminar as consciências. Negra velha tem se perguntado se valeu a pena tanto sacrifício por parte de nosso amado mestre Jesus. Terão valido a pena seus ensinamentos sobre o amor e o perdão?

Umbandistas ou não, somos antes de tudo filhos do mesmo Pai cujo amor nos brindou com a presença de Seu Filho maior. A nós, pequenos e ainda rastejantes seres, cabe aprender a não confundir ou julgar. Negra velha indaga ao coração dos filhos se é melhor ser um umbandista que respeita Nosso Senhor Jesus Cristo e presta sua caridade, auxiliando a quem precisa, ou um médium desarmonizado que fica aberto à entrada dos sofredores, precisando da caridade alheia.

E largando seu aparelho, deu lugar ao povo d'água que vinha fazer a limpeza do terreiro.

Iansã... orixá de umbanda
Rainha de nosso congá
Saravá Iansã
Lá na Aruanda
Eparrei... Eparrei Iansã
Venceu demanda.

19
Entidade artificial

"Homens, por que lamentais as calamidades que vós mesmos amontoastes sobre vossas cabeças? Menosprezastes a santa e divina moral do Cristo, não vos espanteis, pois, que a taça da iniqüidade tenha transbordado de todas as partes."

– Salve, seu guardião. Que as bênçãos de Oxalá estejam contigo!
– Salve todos vós, trabalhadores da Luz. Que assim seja, para todos nós.
– Alguma tarefa extra nesta noite, além das que já temos agendado?
– Infelizmente sim, meu bom irmão. Aprisionamos um artificial.[1] Pela consistência do mesmo, acho que dará um pouco de trabalho para a equipe desfazê-lo.
– Acreditemos na força do bem e no amparo que temos da Luz. Com certeza, dentro da Lei faremos o que for permitido.

Esse diálogo se dava no portão de entrada de um templo umbandista, na chegada das caravanas de trabalhadores de

---

1 Artificial: forma-pensamento criada individual ou coletivamente através dos impulsos dos pensamentos de encarnado ou desencarnado, moldada na essência elemental astral e que, quando alimentada intensamente durante algum tempo, cria vida e pode ser confundida com uma entidade espiritual.

Aruanda, que vinham auxiliar as equipes espirituais que já se encontravam no local e que praticamente residiam no plano etérico daquela casa de caridade, verdadeiro pronto-socorro entre os dois mundos, o físico e o espiritual.

A ordem já se fazia por parte das equipes espirituais, onde cada um sabia sua função e sua postura dentro daquele verdadeiro hospital de almas que, mesmo simples e pequeno no mundo material, fazia-se grande e funcional no plano etérico.

Negro Tião era quem comandava a caravana que chegava. Assim se designava quando precisava se apresentar aos filhos do terreiro, mas poderia ser chamado de doutor ou mestre.... Hoje trabalhava nas bandas da umbanda, na vibratória dos pretos velhos. Quem o via cachimbando, de pés descalços, calça arregaçada e roupas surradas, jamais poderia deduzir que este mesmo "negro velho" já havia passado por tantas encarnações como benzedor, alquimista, médico, cientista e professor. A caminhada dava a esse espírito a capacidade de se fazer pequeno diante dos pequenos, pois aprendera não só a curar e ensinar, mas, sobretudo, a lição mais difícil e de maior valor diante da vida, a vivência da humildade.

Entrando em uma sala onde vários espíritos aguardavam sua presença em completo silêncio e em prece, Negro Tião saudou a todos de maneira fraterna e dialogou com eles:

– Meus irmãos, sei da ansiedade de cada um pelo fato de estarem estagiando num aprendizado novo. Para a maioria, é a primeira vez que participam de um trabalho de umbanda, depois de desencarnados. Passaram pelas escolas do plano que vos acolhe, e agora precisam atuar na prática, pois a seara é grande, o trabalho é imenso, o tempo, curto e os trabalhadores são poucos.

Depois de distribuir as tarefas dos novatos junto a outros trabalhadores mais experientes, Negro Tião chamou uma moça que fazia parte daquele grupo e que se permitia chorar de felicidade, pois quando encarnada fora trabalhadora daquela casa e, pela bondade divina, hoje podia retornar e continuar sua tarefa, embora em corpo espiritual.

– Filha, gostaria que você me acompanhasse antes de iniciar as tarefas. Vamos até a sala onde estão reunidos os trabalhadores encarnados.

Fátima não continha a emoção pelo reencontro. Olhou para cada rosto, reconhecendo a maioria como velhos companheiros que tanto a auxiliaram em seus momentos derradeiros na carne. O cheiro da defumação que estava sendo passada no ambiente a trouxe de volta ao presente:

– Filha, compreendo sua emoção, mas alerto para que agora firme seu pensamento numa vibração mais alta para que possa reequilibrar-se.

Colocando sua mão sobre o frontal de Fátima, o preto velho iluminou-lhe o chacra, abrindo assim a visão do ambiente etérico.

– Observe acima da cabeça de cada médium como as cores irradiadas se diferenciam à medida em que eles se ligam a seus protetores e guias através da prece e dos pontos cantados.

Era magnífica a transformação que ocorria na energia de cada médium da corrente. Em alguns, onde era visível a entrega, criava-se uma aura tão grande e brilhante que se misturava com a de seu protetor, fundindo-se num clarão resplandescente.

– Filha, veja como a mente, aliada aos sentimentos, transforma as energias. Isso é magia, isso é a força do amor em movimento. Quando Jesus falou "Vós sois deuses", referia-se o amado Mestre a essa capacidade de que todos os espíritos humanos são capazes, a da transmutação que os torna capazes de verdadeiros milagres dentro da criação. Observa, porém, que em alguns pouco ou nada existe de luminosidade acima de seus coronários, demonstrando que suas mentes estão aprisionadas em pensamentos densos e preocupações fora do ambiente. Veja que bailam acima de suas cabeças algumas formas escurecidas que já parecem ter vida própria, pois brigam entre si como se disputassem um lugar só seu. São as formas-pensamento criadas e adubadas pelo próprio médium que nem a defumação ou a energia do local desfizeram, pois só o próprio criador delas é que tem o poder de destruí-las, mudando sua forma de pensar e, conseqüentemente, sua vibração.

Ao ouvir e ver tudo aquilo, Fátima lembrou das tantas vezes em que, quando encarnada, ali naquela mesma corrente, viera ao trabalho apenas para cumprir obrigação, pois seus pensamentos viajavam em busca dos problemas que deixara em casa e em sua vontade, que era a de estar fora dali. Lembrou das vezes em que se magoava com alguns irmãos da corrente por desentendimentos corriqueiros ou por contrariedades de idéias. Imaginando que cor havia exalado de sua aura naqueles momentos, envergonhou-se.

Os atendimentos já haviam iniciado, e todos os estagiários que ali estavam de ouvidos e olhos bem abertos deslumbravam-se com a grandiosidade do trabalho realizado naquele templo. Fátima, especialmente, não cabia em si de felicidade e logo foi achando o que fazer, pois trabalho não faltava por ali.

Ao final, observando os pretos velhos que até então haviam atuado junto a seus médiuns, atendendo um número limitado de encarnados, mas um sem-número de desencarnados, e que, agora, junto a toda equipe composta de outros falangeiros, efetuavam a limpeza energética dos médiuns e do ambiente, num movimento intenso de energias, lembrou-se daquele que atuara como preto velho através de seu aparelho, quando encarnada.

– Negro Tião, posso lhe fazer uma pergunta?
– Claro que pode, filha.

– Onde está meu preto velho? Ele ainda trabalha nesta casa? Eu sequer sabia o seu nome, pois logo que o deixei trabalhar comigo, veio a doença e desencarnei.

Negro Tião, sorrindo, mas com os olhos banhados de lágrimas, envolveu-a em seus braços e, sem uma palavra sequer, havia respondido o seu questionamento. Ambos, agora abraçados, choravam e, de seus corações, irradiavam todo amor que sentiam um pelo outro, como espíritos que viajavam pelo tempo há tanto tempo. Um clarão de luz se fez no ambiente e, enquanto a corrente realizava uma prece cantada, agradecendo à proteção espiritual da noite, a energia gerada pelo reencontro agia como um bálsamo sobre todos, dando-lhes a sensação de paz indescritível.

Fátima, após a surpresa, ajoelhou-se aos pés do preto velho e, beijando-lhe as mãos, pediu perdão pelo seu descaso com a mediunidade, assumida de maneira relapsa e tardiamente, despertando somente quando a dor bateu forte no seu corpo físico. Envergonhava-se de sua renitência em aceitá-lo, por apresentar-se como um preto velho e não como um "mentor de luz". Agradeceu enternecida por mais esta oportunidade que o espírito amigo estava lhe concedendo, a oportunidade de poder estar ali, junto dele, reiniciando sua caminhada. O quanto ainda teria de aprender com aquele "mestre" amado!

Enquanto a corrente puxava o ponto cantado de Iansã e o ambiente novamente se iluminava de maneira esplendorosa pelos raios que desciam das mãos daquela entidade que rodopiava seu aparelho, limpando o ambiente em seus porões, uma entidade gigante e de formas animalescas foi trazida até a porta da tenda, pelos exus que trabalhavam na guarnição da mesma.

Sob os olhares admirados dos estagiários, a enviada de Iansã lançava raios direcionados àquela monstruosidade que somente se contorcia, pouco se ressentindo. Após isolar novamente aquela forma dentro de um campo de força energético, e após a desincorporação da entidade, Negro Tião, irradiando o dirigente, comunicou à corrente que havia ali um "artificial" grotesco criado pela energia de discórdia que vinha reinando entre os médiuns nos últimos tempos e que não poderia ser desfeito pela espiritualidade, o que só poderia se efetuar pelos seus próprios criadores.

Orientou-os então a exercerem a força mental que, atuante na matéria astral moldável, pode construir ou destruir. Solicitou a cada um buscar dentro de si o melhor dos sentimentos e que desta maneira transmutassem aquele monstro, criando em seu lugar, com a mesma força mental, um anjo de longas asas brancas, para que dali em diante fosse esse artificial benéfico a ficar de guardião daquele templo.

E assim se fez. De maneira mágica, pela condução verbal do dirigente usando a energia violeta, a corrente desfez por sua vontade aquela forma-pensamento que haviam criado com ressentimentos e mágoas. Estavam envergonhados diante da espiritualidade pelo fato de perceberem que justamente eles que estavam ali como parceiros da luz, para ajudar a espiritualidade, haviam criado transtornos ao bom desenvolvimento do trabalho com a elaboração de sentimentos mesquinhos, os quais já deveriam ter vencido.

De volta aos seus mundos, os estagiários tinham muito o que discutir a respeito da fabulosa aula prática de caridade da qual tinham participado. Havia tanto a repensar e cada um, em cada exemplo vivido lá dentro do templo de umbanda, encontrou dentro de si algo a mudar.

Mas todos concordavam num ponto. Sem sombra de dúvida, não há oportunidade ou escola melhor do que a vivência no corpo físico. Também puderam comprovar, diante das evidências da noite, as palavras proferidas pelo Divino Mestre Jesus: "Vós sois deuses!".

20
Quem tem ouvidos de ouvir

> "A fé sincera é arrebatadora e contagiosa; ela se comunica àqueles que não a tinham, ou mesmo não queriam tê-la; encontra palavras persuasivas que vão à alma, enquanto que a fé aparente não tem senão palavras sonoras que os deixam frios e indiferentes."

– Saravá, meu filho. Chega aqui perto da negra velha, pois precisamos conversar.

– Salve, minha mãe.

– Por que estas lágrimas rolando em seu rosto e este aperto no seu coração?

– Minha boa mãe preta, eu já não suporto mais meu fardo. Estou cansado de viver no mundo dos excluídos. Minha vida se torna, dia após dia, mais vazia; já não suporto o silêncio que se faz em mim, pela falta de audição. Por que justamente eu, que gosto tanto de conviver com as pessoas, de conversar, de trocar idéias, fui castigado a ficar surdo no melhor tempo de minha vida?

– Ah, meu filho. Então considera um castigo a pequena limitação que a presente vida lhe concede?

– Deve ser isso mesmo, minha mãe. Castigo divino de algo que eu tenha feito e desagradado a Ele, pois sem ter doença nenhuma, simplesmente fui ensurdecendo e o pouco que ouço é com este aparelho. Considero humilhante ter de usá-lo.

– Negra velha, que durante as vidas no físico experimentou de tudo um pouco e que, muitas vezes, deixou de ouvir o que precisava para ouvir somente o que queria, passou a tênue linha que separa os dois mundos com muita culpa e precisou de muito esforço e boa vontade para tirar os tampões que havia criado no seu corpo espiritual. Hoje, meu filho, negra velha e muitos outros espíritos que vivem aqui no mundo dos mortos andamos de choupana em choupana da face da Terra, tentando abrir os ouvidos de muitos que, como nós no passado, se fazem de surdos para permanecer na omissão. Vou confessar que é tarefa difícil essa, pois só podemos contar com a intuição e, sobretudo, com a boa vontade dos filhos encarnados. Nossa missão de "acordar" as mentes é, na verdade, o nosso despertamento às Leis que burlamos um dia, tentando evitar que outros tantos cheguem deste lado com seus ouvidos tampados pela inércia, pela preguiça, pela comodidade, pelo materialismo. Se a surdez dos sentidos físicos o incomoda, negra velha aconselha a abrir a audição para o mundo espiritual, como está fazendo agora, filho. Percebeu, acaso, que estando aqui comigo em desdobramento sonambúlico seus sentidos se fazem perfeitos? Para alguém que no passado esmolava na beira das estradas, fingindo-se de surdo-mudo, pela preguiça de trabalhar e ganhar o próprio pão, apesar do corpo perfeito e saudável, hoje, meu filho, a limitação que a vida lhe impõe é pequena, e lhe garanto que não é castigo. O nosso grande Pai jamais castiga a quem quer que seja. Ele somente abençoa e cria, nunca destrói ou amaldiçoa. A lição que a vida lhe confere é para sua própria evolução e deve agir como bálsamo curador, embora amargo. Não faça disso um martírio nem motivo para revolta. Não se marginalize; expulse aquele mendigo que insiste em habitar este corpo, e veja que existem nele mais quatro sentidos físicos saudáveis, além da inteligência e de todo potencial trazido de outras experiências. Tudo isso é motivo para superar uma deficiência a que você mesmo se imputou. Quantas vezes os amigos espirituais que o guiavam naquela vida relapsa tentaram avisar das conseqüências de seus atos impensados e não obtiveram êxito, pois para eles também você fingia ser surdo. Acalme seu coração, filho amado. Aquiete sua consciência e escute agora tudo aquilo que tantos se proíbem de ouvir. Escute a voz interior que o chama de volta ao caminho da responsabilidade, da humildade e da aceitação. Talvez esteja surdo ao plano físico para que possa justamente escutar a si próprio. Use todos os outros sentidos e viva, meu filho, na plenitude que a vida merece, não esquecendo que se não existir o principal sentido da vida dentro de um ser, que é o "amor", nenhum outro tem importância alguma.

E negra velha finaliza dizendo:

– Nesta encarnação, a vosso pedido, somente ouvirá o que realmente precisa e do que realmente poderá tirar proveito. Movimente, portanto, suas mãos e direcione seu olhar e sua palavra em favor daqueles que ainda vivos já morreram, inertes em seus leitos, colhendo o fruto amargo do plantio impensado. E, para sua felicidade futura, tenha certeza de que muitos ouvidos escutam essa música suave que forma os acordes da caridade. Volte ao corpo, filho, e ouça o seu coração, o qual guardará, além de minhas palavras, todo amor que estes amigos "mortos" lhe dedicam, apostando na sua evolução. Vá em paz, meu filho, com as bênçãos de Zambi.

21
Perdoai as minhas ofensas

"Fazei esforços para entrar pela porta estreita, porque eu vos asseguro que vários procurarão por ela entrar e não o poderão."

Enquanto o cambone ajeitava uma cadeira para aquela senhora sentar-se em frente ao preto velho, Nhô Benedito, batendo o pé no chão do terreiro, cantarolava baixinho e supria de fumo o seu cachimbo.

Entre gemidos e reclamações com o menino que lhe servia de bengala, uma vez que ela mancava de uma perna, a mulher se acomodou, olhando desconfiada para o médium incorporado à sua frente.

– Saravá, zi fia! Como tá suncê?

– Mal, muito mal. Já estou sofrendo dos nervos de tanto andar em busca de uma cura para minha perna enferma.

– E o que é que tem sua perna, zi fia?

– Pois é isso que espero que me digam aqui, porque os médicos me falam que é psicológico, já que os exames não apresentam nada. Acham decerto que estou louca, que invento essa dor, mas eu é que sei quanto sofrimento tenho passado.

– Zi fia lembra quando é que a dor começou?

– Não lembro...

Como se um filme se abrisse em sua mente, agora desenhava-se o dia em que sentiu pela primeira vez uma espécie de câimbra na panturrilha e, desde então, nunca mais a dor cessou. Lembrou-se do ataque de nervos que tivera ao chegar em casa e encontrar um "despacho" no portão e de como o havia chutado, espalhando o material todo pela rua.

De crença evangélica, desdenhava e abominava esse tipo de coisa, imaginando que aquilo era obra do demônio, embora acreditasse que por ser cristã e temente a Deus isso não a atingia. Alguém havia colocado a macumba em sua porta. Com certeza, fora sua empregada que, por ser negra, devia ser macumbeira. Fez um verdadeiro escândalo em torno disso, acabando por despedir a pobre moça, que era inocente.

– Zi fia não devia ter chutado aquela oferenda.

– Uai, como você sabe disso se não lhe contei?

– Eh, eh zi fia. Nego véio sabe de muitas outras coisas que a filha ainda não me contou. Sabe inclusive que, depois do acontecido, juntou seus irmãos de fé da sua igreja e, no silêncio da noite, colocaram fogo numa tenda de umbanda muito humilde que existia no bairro.

– Claro, eram eles que faziam essas macumbas que ficavam largando em nossas portas.

– E quem lhe afirmou isso?

– E quem haveria de ser, se não eles, que lidavam com essas coisas?

– Nego véio pode afirmar com todas as letras que não foram eles, pois lá era um templo de umbanda e não uma casa de macumba. A filha precisa aprender a diferenciar uma coisa da outra. Por exemplo, hoje está aqui numa casa de caridade onde se pratica a umbanda, pedindo socorro para suas dores e, como pode ver ao seu redor, não está encontrando nada que possa desacreditá-la disso. A filha por acaso não lembra de ter difamado alguém no passado?

– Ah, foi aquela desgraçada, é?

– Desgraçada... pois é! E quem a desgraçou? A filha precisa refletir sobre isso. A antiga noiva de seu marido foi duramente humilhada pela senhora através de uma calúnia, e depois a senhora ainda lhe roubou o noivo amado. Ela, no limite de seu desespero, procurou um macumbeiro de aluguel e resolveu vingar-se, tentando enfeitiçar a traidora. Desgraçada foi sua atitude que fez desabrochar toda essa desgraceira na vida de ambas. Ou será que a magia da moça traída foi pior do que a calúnia que sofreu, levando-a mais tarde a ter um sério problema mental?

– É, ma... mas...

– As duas erraram. Ambas fizeram magia negra.

– Eu nunca fiz isso, não me meto com essas coisas.

– Zi fia precisa entender que magia se faz para o bem ou para o mal e que aquele feitiço encontrado na porta de casa pode ser menos maléfico do que algumas palavras ditas com sentimento de raiva, emitidas por um espírito de grande poder mental. A calúnia age como uma lata de tinta jogada no ventilador. Vai respingar longe e, por mais que tentem limpar, sempre vão sobrar alguns respingos para lembrar o fato ocorrido. As palavras ditas são energias emanadas no cosmo que ficam ecoando em notas sonoras, conforme a vibração que foram emitidas. Desgraçam a pessoa atingida mas, como tudo neste mundo de meu Deus tem retorno certo, acabam de alguma forma voltando para o emissor. Portanto, filha, quando você detonou seu primeiro tiro a guerra iniciou. E, como em toda guerra, a luta não foi só terrena. Movimentaram-se no mundo astral os afins com suas energias, intuindo-as ao revide. Veja bem como tudo se consumou de maneira absurda, pois você, que se dizia seguidora de Jesus, incentivou seus irmãos de crença a queimarem um templo de caridade que nada tinha a ver com sua ira.

– Então quer dizer que essa dor é castigo.

– Não, não é. E se você é cristã e leu a Bíblia, deve saber perfeitamente que Deus não castiga seus filhos, pois Ele é bondoso e perfeito. Nós colhemos o que semeamos, e a filha plantou vento, por isso está ainda colhendo tempestades. O feitiço ou qualquer tipo de magia negativa só vão surtir o efeito desejado na pessoa para a qual foram endereçados se ela estiver vibrando na mesma faixa, ou seja, se tiver energia condizente com o mal enviado. Naquele dia, se em vez de chutar e destilar sua raiva, tivesse feito uma oração e recolhido respeitosamente aquilo tudo, devolvendo à natureza, sem julgamentos nem rancores, com certeza nada disso estaria na sua perna.

Enquanto esse diálogo se dava no físico, o mundo astral movimentava suas forças no sentido de desfazer as amarras energéticas negativas que haviam se calcificado no tornozelo da mulher, além de socorrer alguns espíritos desencarnados e sofredores que por afinidade a acompanhavam.

– A filha precisa urgentemente tomar uma providência se quer curar a perna.

– Pode me dizer e não importa quanto custa o trabalho, pois eu pago o que for preciso para me livrar da dor.

– Eh, eh... sempre a moeda! Não vai haver trabalho nenhum e, mesmo que houvesse, na umbanda não se cobra pela caridade. Aquilo de que a filha precisa não custa nenhum vintém, mas talvez a filha não vá achar tão fácil assim.

– Não importa o que eu tenha de fazer, preciso me livrar da dor.

– Só precisa perdoar quem lhe causou a dor.

– Ah, mas a criatura já morreu e eu tenho medo dessas coisas de espírito...

– Morreu na carne, filha. Continua viva no mundo espiritual e sofrendo ainda pela mágoa e também pela culpa.

– Então, como vou pedir perdão para o espírito de um morto?

– Da mesma forma que pediria para o espírito de um vivo. Simplesmente com o coração.

– Eu não sei como fazer isso.

Pegando nas mãos da mulher, o bondoso preto velho envolveu-a em sua aura de amor e, encostando sua testa na dela, colocou em equilíbrio todos os seus centros de forças que estavam em total desalinho, acessando, assim, suas emoções represadas e endurecidas pelos longos anos de mágoa e sofrimento. A princípio, as lágrimas desciam de seus olhos molhando as mãos do médium que dava passividade à entidade; depois, já mais relaxada, a mulher deixou brotar um convulsivo pranto que estremecia todo seu corpo, fazendo-a soluçar.

– Isso, filha, chora. Deixa esse pranto represado sair aí de dentro e limpar essa tranqueira toda que você esconde no peito. Lave a sua alma com as lágrimas do arrependimento.

Pela catarse do choro, a mulher possibilitou que seu corpo astral afrouxasse os cordões energéticos que a ligavam àquele ser de forma negativa, como também possibilitou que se desgrudassem todas aquelas energias densas, quase materializadas pelo tempo que as mantinha consigo.

– Esse preto vai pedir à filha que agora pense no Criador e no Seu Filho Jesus e reze junto comigo aquela oração que Ele nos ensinou quando andava pela Terra. Mas peço que pense muito bem em cada palavra da oração.

E, rezando o Pai Nosso, a mulher continuava deixando que as lágrimas lavassem sua alma. Quando o preto velho chegou na frase "perdoai as nossas ofensas, assim como nós perdoamos aos nossos devedores", fê-la repetir três vezes. Ela compreendeu o recado e, ajoelhando-se ao final da oração, citou o nome da antiga rival, pedindo perdão e perdoando o seu espírito.

Nesse momento, irradiou-se no ambiente astral uma enorme luz ao redor daquele espírito arrependido que, através do amor e da sabedoria do preto velho, havia sido tocado no mais fundo de seu coração. Ao seu lado, acordava de um longo sono o espírito da moça a quem havia prejudicado no passado e que, beneficiada pela luz do perdão, recebia as energias necessárias para ser agora levada a um hospital do mundo espiritual.

Desligavam-se ali, naquele momento, os laços do ódio que perduraram por longos anos nesta encarnação, mas que já eram trazidos de outros tempos.

Após a mulher se retirar já sem a dor na perna e com a felicidade estampada em seu rosto, Nhô Benedito chamou o camboninho, colocou mais um pouco de fumo no cachimbo, defumou o menino e, batendo o pé no chão no embalo dos atabaques, falou:

– As dores do mundo ainda existem porque os filhos da terra insistem em achar que a vida é uma disputa. Em vez de se verem como irmãos, vêem-se como concorrentes. E, perdendo ou ganhando, estão sempre se magoando e arrumando inimizades que levam junto para o caixão. Quanto peso desnecessário para o espírito carregar no além! Revidar o mal é se atrelar a ele. Perdoar é libertar-se.

– Por que o camboninho chora?

– Nhô Benedito, estou com remorso pois hoje mesmo briguei com meu pai porque acho que ele gosta mais de meu irmão do que de mim e estava sentindo muita raiva dele.

– Eh, eh zi fio... vem cá rezar o Pai Nosso junto com o nego véio e esquece a raiva, pois seu coraçãozinho é muito pequeno para guardar mágoa dentro dele.

Está iluminada a nossa banda
Está cheio de flores no Congá

Pai Benedito, ele vê tudo o que eu faço
Pai Benedito, ilumine os caminhos por onde eu passo.

22
Operação resgate

> "O homem de bem é indulgente para com as fraquezas alheias, porque sabe que ele mesmo tem necessidade de indulgência, e se lembra destas palavras do Cristo: aquele que está sem pecado que atire a primeira pedra."

Da penumbra inicial, o ambiente transformou-se numa escuridão total. O mau cheiro e o frio do local, aliados aos gritos e gemidos que ouvíamos, só não nos apavoravam mais porque havíamos sido instruídos antes do concurso da expedição.

Foram várias palestras e treinamentos realizados em desdobramento do sono para que efetivamente pudéssemos auxiliar e não nos tornássemos mais um a ser socorrido naquele local íngreme.

Descíamos nas escarpas de um vale em direção aos porões da terra. Havia um trabalho a ser feito com os comandantes da Luz e, conseqüentemente, muitos empecilhos pela parte das trevas. Nós, em um grupo de sete encarnados, fomos treinados e seguíamos junto àqueles guardiões que na umbanda se chamam de "exu de Lei".

Enquanto o corpo descansava no leito, nosso agregado espiritual, ligado a este pelos elásticos cordões energéticos, nos permitia atuar no mundo astral. Por estarmos em zonas rebaixadas do globo, de energias pesadas e asfixiantes, usávamos uma espécie de vestimenta especial que nos protegia das emanações extremamente telúricas do local. Calçávamos botinas com garradeiras no solado para evitar possíveis escorregões nas úmidas escarpas de pedras limosas. A máscara que cobria nosso nariz e boca não impedia que o forte cheiro de enxofre, misturado ao de carne putrefata, chegasse até nosso olfato, e difícil era não enojar.

À nossa frente, o comandante da excursão, que havia se transformado num quase gigante de formas grotescas, rosnava impondo respeito, além de lançar, do maçarico que usava, uma chama intimidante àqueles animais assustadores que insistiam em nos atacar. Parecidos com lagartixas, porém em tamanho maior, tinham dentes e unhas afiadas que amedrontavam qualquer ser humano.

– Não se assustem, na verdade não são animais, mas formas-pensamento vivificadas pelos habitantes do local. Continuem firmes e em oração. Mantenham a vibração elevada, não se abatam pelo medo. Lembrem-se, são soldados na batalha e a mão do Todo-Poderoso nos ampara – nos assegurou o comandante.

À medida em que o terreno se tornava menos acidentado, a escuridão cedia e a penumbra voltava, permitindo divisar algumas formas que dependuravam-se nas secas árvores do local, por meio de cordas em seus pescoços.

– Aqui é o vale dos enforcados. Vejam vocês que alguns deles plasmaram a cena do suicídio em suas mentes e, assim, permanecem sofrendo o momento da morte. É uma forma de autopunição inconsciente. Tentam acalmar a culpa pela continuidade da dor.

A cena era dantesca. Homens e mulheres dependurados,

corpos soltos no ar, vestes esfarrapadas, rostos arroxeados, língua pra fora da boca, de onde espumava uma saliva esverdeada, olhos arregalados.

– Não se detenham nas imagens, não fixem os olhares nestes seres. Nós precisamos prosseguir.

Andamos um pouco mais e, logo adiante, a paisagem pouco mudara, mas os gritos de horror continuavam de maneira mais estridente. A lama agora tinha mais cor de terra, mas de sangue. Criaturas se arrastavam pelo chão em penoso sofrimento, sangrando a cabeça ou o coração. Esvaídos, estavam amarelecidos em suas faces e gritavam por socorro. Difícil equilibrar-se diante disso tudo, sem que a comoção nos fragilizasse. Num descuido, uma pessoa de nosso grupo se abateu pela pena e, por pouco, não foi sugada por um buraco lodoso que se escondia naquele mar de sangue.

Havíamos aprendido no treinamento que esses antros de dor nada mais são do que preciosos locais de drenagem energética daqueles seres que, burlando e contrariando as leis, haviam mudado seus destinos, tirando a própria vida. Sabíamos do cenário que haveríamos de encontrar e fomos alertados para que não deixássemos o sentimento de pena nos desviar do objetivo. Nenhum ser podia ser retirado de lá enquanto não esgotasse o que precisava, pois seria inútil, antes disso, qualquer auxílio.

Com a mão erguida, nosso comandante nos alertava de que havíamos encontrado quem procurávamos. Dentro de uma espécie de caverna, recostada numa pedra, desenhava-se a figura de uma mulher que mais parecia com um farrapo humano. Cabelos desgrenhados, olhos arregalados e fixos no nada, era ainda o que de mais humano existia nela. Seu corpo em chagas putrefatas exalava um odor característico de tumores infecciosos.

O exu nos olhou como a perguntar quem a iria ajudar.

Ninguém se moveu. Então ele tirou de sua cintura o pequeno chicote que, ao ser jogado no ar, transformou-se num longo laço, envolvendo-a pela cintura e levantou-a do chão. Qual foi nosso susto ao descobrir que onde ela sentava era um ninho de cobras que passaram a se mover e, não fosse a agilidade do exu, paralisando-as com o fogo do maçarico, teriam fugido.

– Joguem a rede – ordenou o exu.

A rede foi jogada e envolveu a mulher que, contrariando sua inércia anterior, agora parecia incorporada por uma força demoníaca. Debatia-se e gritava como se houvesse acordado de um pesadelo terrível.

– É preciso trazê-la até nós e aplicar o sedativo para que possamos levá-la.

– E as cobras? O que faremos com elas? – perguntei.

– Na verdade não são cobras, mas seres humanos que, degradados ao extremo, transformaram-se em animais peçonhentos que sobrevivem da energia do chacra básico de mulheres que foram levadas ao suicídio pela culpa de abortos cometidos. Hipnotizam as criaturas e as fazem se aninhar em cima delas, alimentando-as com sua energia e protegendo-as dos perigos do local. Agora que elas estão hipnotizadas ou paralisadas, vamos colocá-las dentro deste recipiente e entregá-las ao guardião do local, que saberá que destino dar a estes infelizes seres. Terão ajuda, com certeza, mas tudo dentro da Lei de merecimento.

Quando retiramos a mulher e as cobras foram recolhidas, nosso comandante, estufando o peito, encheu os pulmões e, abrindo a boca, soprou um jato de ar com forte cheiro de álcool para dentro da caverna para, em seguida, com um jato de seu maçarico, incendiar o local.

De volta, enquanto subíamos as escarpas e o ar sutilizava, eu concluía por que alguns exus utilizam o elemento etílico em seus trabalhos junto aos médiuns.

Quando chegamos a um campo aberto na crosta, a sensação era a de que havíamos chegado no paraíso, tamanho o desconforto e a dificuldade que havia em locomover-se ou respirar naqueles locais do submundo astral.

O nosso comandante agora já não mantinha mais a forma brutal. Sorrindo amistosamente, nos pediu que fizéssemos uma fila indiana, pois precisávamos nos limpar através do fogo de seu maçarico. A princípio, pensei ser brincadeira, mas logo vi que era mesmo necessário que nossas vestes fossem transmutadas pela energia ígnea, uma vez que estavam impregnadas pelos miasmas do ambiente por onde passamos. Pudemos comprovar que o fogo não nos queimava; apesar do cheiro que produzia quando passava ao redor de nossos corpos, apenas desagregava aquela roupagem que nos protegera.

Agora era hora do elemento água. E, enquanto cantávamos uma canção a Oxum, suas águas nos brindavam o corpo, escorregando por ele e nos limpando. Tudo isso também foi feito com a nossa resgatada, que agora era entregue aos falangeiros de Oxóssi que a levariam para um tratamento de cura.

Muito tempo seria necessário para que sua mente atordoada voltasse a raciocinar normalmente, mas o pior já havia passado. E, como o tempo de Deus se diferencia do nosso, apenas um piscar de olhos e aquele espírito estaria pronto para enfrentar uma nova oportunidade na matéria, quando traria inevitavelmente em seu corpo astral e refletidas no corpo físico as marcas do suicídio cometido.

Cada um de nós, agora acompanhado de nossos protetores que labutam nas falanges dos pretos velhos, era devolvido ao agregado físico, acordando com a sensação de dever cumprido.

Antes mesmo de abrir os olhos, lembrando do que ocorrera durante o sono, pelo racionalismo característico, eu me perguntei por que fomos até lá se todo o trabalho havia sido realizado pelo exu. E, sentindo ainda a presença da generosa preta velha ao lado de minha cama, a resposta brotou em minha mente.

– A filha se esquece de que os encarnados produzem rica e proveitosa energia animal a que chamamos de ectoplasma e que possibilita que a espiritualidade trabalhadora da luz produza com ela os efeitos necessários nestes locais? Essa energia, quando negativa, é disputada pelas trevas. Porém, quando aliada ao sentimento de amor fraterno, dá às hostes da Luz material para construir o caminho de volta de tantos irmãos perdidos na sua desgraça, além de magníficas curas no corpo espiritual dos mesmos. Sem contar a transformação que se deu naquele local com a energia produzida pelas vossas orações, pois se no vosso entendimento não passava de um método para afastar o medo, a finalidade real da oração era sutilizar um pouco as emanações telúricas do ambiente. Sem contar o aprendizado para os sete trabalhadores encarnados.

Nada mais havia para ser dito, mas tudo para ser pensado, repensado e aprendido.

Laroiê!!!

23
Orai e vigiai

> "...no seu início, o homem não tem senão instintos e aquele, pois, em quem os instintos dominam, está mais próximo do ponto de partida que do objetivo."

João havia acordado de mau humor naquela manhã. A cabeça doía, sentia-se tonto e triste. Tentou se lembrar de seus sonhos, mas vieram apenas alguns insights de momentos turbulentos e nada mais. Antes de tomar o seu banho matinal, rezou pedindo proteção ao anjo de guarda, mentalizando estar debaixo de uma cachoeira. Cantando um ponto à Mamãe Oxum, pediu que, além de seu corpo físico, seu agregado espiritual fosse lavado com a água quentinha que caía do chuveiro.

Um pouco melhor, conseguiu levar o dia, embora tudo insistisse em conspirar contra ele. Ao anoitecer, a tensão aumentara a ponto de se obrigar a tomar um relaxante muscular.

João trabalhava como médium na corrente de umbanda e, naquela noite, atenderiam as pessoas que vinham em busca de consolo dos pretos velhos. Antes de se dirigir ao trabalho espiritual, João fez suas orações costumeiras, tomou seu banho de ervas e, quando arrumava sua mochila com a roupa branca que usaria, um forte arrepio correu em seu corpo – ele imediatamente sentiu uma vontade muito grande de não ir ao trabalho. Tonteou e sentiu como se algo embotasse sua mente, desanimado-o. Apesar do mal-estar, algo gritava dentro dele tentando tirá-lo daquele marasmo. Instantaneamente, veio à mente um ponto cantado de exu, o qual passou a sussurrar, fortalecendo-se.

A muito custo chegou ao centro naquela noite, pois até o trânsito estava infernal. Ao saudar o congá, antes da abertura dos trabalhos, as sensações foram aliviadas e, aos poucos, foi se conectando com seus protetores. O dirigente da corrente, sentindo que algo pesava no ambiente, antes de iniciar a incorporação com os pretos velhos que atenderiam a assistência, fez uma chamada de Ogum para que se encaminhasse o que teimava em desarmonizar a corrente toda. Os médiuns incorporados formavam agora uma corrente ao redor de João, que apresentava uma catarse de choro e tremores por todo o corpo.

Seu Caveira, gargalhando, quebrava no ambiente astral o campo de força negativo que havia se formado ao redor do médium, enquanto pelos outros era apreendido um quase exército de elementares artificiais que, enrodilhados uns nos outros, sufocavam-no em nível energético.

Na tronqueira, onde a firmação de Seu Marabô se fazia, havia um alguidar com álcool em chamas que, no ambiente astral, transformava-se numa enorme fogueira. Depois de desmagnetizadas, as entidades artificiais eram lá jogadas para transmutação.

Por fim, o médium, liberado do peso energético que se formara em seu campo magnético, restou junto dele a figura de um ser desencarnado que já não parecia mais humano, tamanho o desgaste de seu corpo astral. Acoplado no centro de força esplênico do médium, tentava sobreviver sugando o prana que esse recebia para sustentação de seu equipo carnal.

O trabalho pesado havia sido feito. Restava agora cuidar do obsessor e do obsediado, e esse era o trabalho de Pai Terêncio que, levantando-se de seu cantinho onde mandingava e dedilhava um velho rosário que tinha história registrada em cada uma de suas contas, retirou de seu bornal um recipiente com um líquido esverdeado, respingando o mesmo sobre a entidade adoentada. Imediatamente veio a reação, repercutida no médium, que passou a se debater e esbravejar contra tudo e todos. Pai Terêncio, que não se assusta com touro bravo, olhou firme nos olhos da criatura e, colocando seu indicador no centro da testa do mesmo, aquietou-o imediatamente.

Com sua voz pausada, porém firme, instruiu-o e o convenceu a seguir outro rumo, com a chance de voltar a viver de maneira decente e não ter mais que vampirizar os encarnados.

Quando a entidade foi desligada do médium e este se refez, Pai Terêncio incorporou no único médium que estava disponível na corrente naquele momento, embora não fosse o aparelho com o qual normalmente trabalhava, demonstrando com isso que nas fileiras da caridade o que importa é a disponibilidade, a vontade e o amor e que as entidades não são posse de ninguém. Dirigindo-se agora a João, que ainda um tanto desvitalizado se refazia em frente ao congá, falou:

– Saravá ao filho da banda!

– Saravá, meu Pai.

– Como está se sentindo agora?

– Bem melhor, embora fraco.

– Pai Terêncio vai falar pra você que mesmo a caridade tendo sido realizada é preciso que os médiuns tomem maiores cuidados para evitar o sofrimento que o filho experimentou. Durante o sono físico, os médiuns são aproveitados para diversas tarefas no mundo astral, sempre com o aval de seus protetores, porém respeitando o livre-arbítrio de cada um, lei inviolável nas bandas em que trabalhamos. O resgate dessa entidade que estava acoplada em seu corpo energético se deu dentro de uma programação prévia, a qual foi aceita pelo filho por se tratar de antigo credor que ainda sofria no lamaçal de um vale escuro, nos porões do planeta. Haveria de ficar durante todo o dia junto de seu agregado, adormecido, para que pudesse se refazer energeticamente, beneficiando-se apenas de um quantum de sua energia, sem prejudicá-lo, para que, ao chegar aqui no terreiro, tivesse condições de ser encaminhado a uma paragem um tanto mais elevada, onde iniciaria o tratamento de seu corpo deformado e desvitalizado pelo longo tempo passado no ambiente negativo das trevas. Não fosse o desvio de rota feito pela vontade do filho quando retornava ao corpo depois do resgate, tudo teria se dado normalmente e nada, além de leve mal-estar normal, teria sentido durante o dia. Mas, no caminho de volta, sendo assediado por entidades femininas, o filho cedeu aos seus encantos e resolveu dar uma passadinha num ambiente do mundo astral, nada recomendável. Era, com certeza, uma armadilha e de lá trouxe os artificiais que seriam recolhidos por elas na noite posterior, abastecidos com sua energia, da qual se aproveitariam. Por isso a sua vontade de não comparecer no terreiro, que na verdade lhe era repassada por estas entidades.

– Meu Pai, mas eu fiz minhas orações, me preparei antes de dormir, me propus ao trabalho, como isso foi acontecer?

– Filho, durante a nossa vigília escondemos muito do que sentimos, mas quando o corpo emocional se desprende durante o sono, saltam à tona os desejos e paixões mal resolvidas que dormitam no íntimo de cada ser. Por isso, de um médium pede-se muito mais que participar do trabalho mediúnico na gira do terreiro ou no seu ambiente em casa espiritualista. Ele precisa se conhecer e se tratar, principalmente no nível emocional. Precisa se conscientizar de que o pensamento cria formas e que, muitas vezes, essas formas criam vida própria, qual entidades espirituais com poder de obsessão. A isso chamamos de artificial. Pensemos no aconselhamento do Mestre Jesus sobre o "orai e vigiai". Todos oram, poucos vigiam. Durante o sono, assim como no desencarne, os humanos são atraídos a ambientes condizentes com a sua condição vibratória e lá vivenciam experiências adequadas ao local. Por isso muitos acordam cansados, mal-humorados ou com dores que se refletem no corpo físico. Ainda bem que, embora em menor quantidade, ainda encontramos encarnados que conseguem nos auxiliar nos resgates noturnos, tão necessários.

– Pai Terêncio, estou envergonhado.

– Não é preciso se envergonhar, filho. É preciso, sim, investir na reforma dos atos e pensamentos, diariamente. São estes que nos dão o equilíbrio e, conseqüentemente, a saúde, tanto mental quanto emocional e física. Tudo o que nos acontece, mesmo os tombos, deve sempre servir de referencial para que possamos nos melhorar.

– Estalando os dedos, Pai Terêncio distribuiu faiscantes e coloridas energias no ambiente, disseminando, com isso, alguns miasmas que ainda resistiam por ali. Saravou a corrente e desligou-se do aparelho mediúnico, continuando no ambiente astral da casa. Ainda havia muito trabalho a ser feito, embora à limitada visão física tudo estivesse agora em perfeita ordem.[1]

---

[1] nota da médium: A nós fica a reflexão. Até onde somos ajudantes da espiritualidade? Será que na maioria das vezes não nos tornamos os socorridos, quando deveríamos ser os socorristas? Oremos menos e vigiemos mais!

24
O rosário de Pai Terêncio

"Pedi e se vos dará; buscai e achareis; batei à porta e se vos abrirá; porque todo aquele que pede recebe, quem procura acha, e se abrirá àquele que bater à porta."

– Por que Pai Terêncio está chorando? – perguntou aflito o camboninho que, ao seu lado, aguardava o início do atendimento aos consulentes da noite.
– Pai Terêncio derrama as lágrimas que são de saudades. Vê esse rosário que o negro carrega no pescoço e que, às vezes, usa para benzer criança, desmanchar feitiço e para mandingar? Pois é, filho meu, esse rosário tem histórias que fogem longe no tempo...
– E que histórias são essas, meu Pai?

O preto velho passou então a sorrir enquanto as lágrimas saudosas escorriam por sua face e, com voz pausada e triste, olhar perdido no horizonte onde a lua cheia brilhava imponente no céu, começou a relembrar de tudo aquilo que estava registrado na sua memória e que, por merecimento e crescimento espiritual, era-lhe permitido acessar.

– Camboninho, logo que a escravidão destas terras acabou, restou muita miséria no meio dos escravos alforriados que agora eram donos de seus destinos mas que não sabiam a que banda pertenciam. A liberdade tão ansiada por todos transformava-se num drama desesperador. No meio dessa gente abandonada à sorte, existia uma negra cuja beleza foi causa de muita desgraça em sua vida. Era obrigada a se deitar com o patrão, homem sem coração que a engravidava e, depois, vendia os filhos bastardos no mercado de escravos. Foram mais de sete filhos paridos e arrancados de sua convivência. Na época da libertação, já muito adoentada e fraca, estava novamente grávida e, desnutrida pela miséria, acabou morrendo no parto. O menino nasceu fraquinho, mas sobreviveu graças ao leito de outra negra e às benzeduras de Maria Molambo, parteira e mandingueira. Logo após a morte da negra, seu espírito apareceu para Maria Molambo pedindo que ela montasse um rosário, cujas contas deveriam ser feitas de barro seco da beira do riacho, e que o desse ao seu menino, para carregá-lo dentro de uma patuá, como proteção. E assim foi feito, meu camboninho. O menino cresceu, mas sempre muito adoentado e, não fosse o apadrinhamento de Maria Molambo, não teria resistido a tanta peste que pegava, devido à sua fraqueza. Um dia, banhando-se no rio, esqueceu-se de tirar o patuá do bolso, e o rosário se desmanchou. Entristecido, ele chorava, quando viu a imagem de uma mulher negra, com uma vestimenta em tons de azul-claro e dourado, cuja cabeça reluzia uma luz muito brilhante. Assustado, fez o sinal da cruz e pretendia bater em retirada, mas suas pernas bambearam. A mulher lhe sorriu e mostrou um rosário que trazia no pescoço, cujas contas brilhavam ao sol como pedras preciosas. Ele, sem nem saber porque, ajoelhou-se aos pés da mulher e, enquanto rezava a Ave-Maria, escutou-a falar "Meu filho, Deus te proteja". Dos seus olhos caíam gotas de lágrimas que, sobre as águas do rio, condensavam-se em pequenas pérolas. A imagem se desfez e o menino, juntando rapidamente as pérolas, correu até sua madrinha para lhe contar o ocorrido, dizendo que havia visto a Virgem Maria e que, além de ser negra, o havia presenteado com suas lágrimas. Maria Molambo, já avisada em sonho de que o menino estava protegido e que haveria de fazer para ele um novo rosário, não perdeu tempo e, das pérolas, construiu um bonito adereço que ele passou a usar em seu pescoço. Daí em diante, o negrinho passou a vivenciar momentos estranhos onde se via fora do corpo físico, quando podia então saber o que as pessoas estavam pensando ou sentindo. E logo, incentivado pela madrinha, estava benzendo e curando. Através do sonho era ensinado, pela imagem da santa negra, a colher as ervas certas para fazer as garrafadas que curavam aquele povo. E assim envelheceu na pobreza, mas satisfeito porque herdara aquele dom e também porque sua madrinha, antes de morrer, ensinara-lhe a desmanchar muito feitiço. Com o rosário que no ambiente etérico era feito de contas de luz, ele desintegrava os elementos de que eram feitas as amarrações das feitiçarias. Só antes de morrer, quando seu corpo já se desprendia do espírito, é que ficou sabendo que a santa que o auxiliava era sua mãe que havia morrido no parto. Ela, por ter esgotado seu pesado carma naquela vida escrava, agora em espírito reluzia qual uma santa e, do mundo espiritual, onde vivia, ajudava seu filho e seu povo. Um dia, o negro velho acordou numa cama cheirosa, vendo de um lado sua madrinha, Maria Molambo, e do outro a figura daquela que havia o parido na terra. E nas mãos, camboninho, ele tinha o rosário com contas de luz. Por isso, Pai Terêncio não pode desgrudar destas contas, porque com elas, filho meu, negro conta, a cada dia, as pérolas que colhe quando seca as lágrimas dos filhos do terreiro.

Conta as contas do rosário
De preto velho benzedor
Pai Terêncio vai baixar
Ele é negro curador...

25
Voltando para ser feliz

> "A dor é uma bênção que Deus envia aos seus eleitos; não vos aflijais quando sofrerdes, mas bendizei, ao contrário, o Deus todo-poderoso que vos marcou pela dor neste mundo para a glória do céu."

A noite se fazia alta e chovia torrencialmente. A escuridão só era rasgada pelos raios que desciam à terra, gerando trovões assustadores. O vento forte balançava a janela quebrada que agora estava amarrada com velhas tiras de pano.

Dois olhinhos assustados espiavam o cenário externo na esperança de visualizar no meio da escuridão o pai que saíra cedo de casa. O coração da menina, num misto de tristeza e dor, já não sabia qual sentimento nutria por aquele homem que dentro de sua irresponsabilidade a deixava até altas horas da noite sozinha naquela casa que se consumia pela deterioração natural do tempo. Mais um dia em que ela ainda não havia se alimentado e seu estômago também doía.

Vencida pelo sono, cansaço e fraqueza, adormeceu debruçada na janela, sendo acordada algum tempo depois pelo barulho da porta que se abria bruscamente. Assustada, jogou-se na cama e fingiu estar dormindo para evitar os habituais xingamentos do pai, que chegara bêbado mais uma vez.

No seu desespero, chorou e rezou, pedindo, como sempre fazia, ao seu anjo de guarda para que ele pedisse à sua mãezinha, que já havia partido para o céu, que a viesse buscar. Ela não queria mais viver tão triste e sozinha, pois nem amiguinhas podia fazer, pela vergonha de sua situação.

Dormiu e sonhou.

Uma carruagem branquinha, enfeitada de flores, como aquela do filme que vira na televisão, comandada por um menino de olhos azuis e cabelos encaracolados, agora a transportava por uma estrada muito bonita. Embora nada falasse, o menino sorria para ela, transmitindo-lhe confiança. A carruagem parou em frente a um portão que se abria deixando à mostra o jardim de uma enorme casa, e muitas crianças corriam para recebê-los. Entre abraços e sorrisos, a menina sentiu em seu ombro uma mão adulta a segurá-la com firmeza e, quando virou seu rosto para ver quem era, a grande surpresa. Estava ali sua mãe, mais linda do que nunca, deixando grossas lágrimas rolar de seus olhos. Desejava pular em seu pescoço, mas faltaram-lhe forças. Acolhida no colo da mulher, ela foi levada para um banho quente, ganhou roupas limpas e um caldo reconfortante para seu estômago faminto. Nem o leito limpo e macio nem os beijos e a promessa da mãe de que ali permaneceria a convenciam a adormecer, pois temia acordar dentro da sua triste realidade, com o lindo sonho desfeito.

Naquela manhã, o homem acordou sufocado pela fumaça, ouvindo o estalar da madeira que queimava. Ainda tonto pela bebedeira da noite, abriu os olhos e percebeu que o fogo chegava na porta do quarto e sem pensar duas vezes se jogou pela janela, aos gritos de socorro. Mesmo com ajuda de alguns poucos vizinhos e com a chegada dos bombeiros, a casa se consumiu rapidamente pelas chamas. Em vão procuraram nos escombros pelo corpo da menina que dormia no quarto ao lado do seu. Apenas escombros, cinza e remorso.

O homem batia com a cabeça na terra e urrava em seu desespero. Ele havia deixado uma vela acesa na cozinha antes de adormecer, amortecido pela cachaça. Ele agora se culpava pela morte da filha.

O remorso o consumia nos dias que se seguiram, quando passou a viver de favores de algumas pessoas que, penalizadas, o ajudavam. Jurou no dia do incêndio que jamais voltaria a ingerir uma gota de álcool, mas a tentação e a sede aumentavam dia a dia, até que entrou num bar e pediu um trago de cachaça. Quando pegou no copo, ouviu que alguém o chamava na porta e virando-se viu ali a imagem da filha morta, a lhe sorrir. O susto foi tamanho que largou o copo no chão, saindo em desespero. Deste dia em diante seus sonhos foram recheados pela visão da menina que lhe pedia desesperadamente para nunca mais beber. Um dia contou sobre isso para um colega de serviço, por medo de estar enlouquecendo, quando este lhe fez o convite para que fosse com ele até um centro de umbanda que costumava freqüentar. Como nunca havia se apegado a religião nenhuma, também não tinha preconceito com nada e resolveu que iria.

À medida que se aproximavam do centro, o homem sentia arrepios a percorrer-lhe o corpo todo e um medo muito grande a ponto de pensar em voltar para casa. Seu amigo, percebendo a situação, incentivou-o dizendo que era assim mesmo, mas que quando tomasse um passe com as entidades, se sentiria muito bem.

Ao adentrar e sentir as energias balsamizantes do ambiente irradiado pelos guias espirituais, ele se acalmou, mas a saudade da filha e da esposa se acentuou, fazendo com as lágrimas fossem inevitáveis.

Quando foi chamado para o atendimento, ajoelhou-se em frente ao preto velho incorporado, dando vazão total ao choro que agora o fazia soluçar.

– Salve, zi fio. Chora, pode chorar – falava calmamente Pai Jacó, enquanto estalava seus dedos ao redor da cabeça daquele homem que mais parecia uma criança desamparada.

– Me ajuda... me ajuda... – era tudo o que o homem conseguia pronunciar entre os soluços quase convulsivos.

– Nego véio já tá ajudando zi fio, com a bênção e permissão do grande Zambi.

No ambiente extrafísico eram requisitados os guardiões do local, bem como outros falangeiros de pretos velhos para retirar e encaminhar alguns espíritos que, já em simbiose com seu corpo espiritual, ansiavam por satisfazer a vontade de ingerir álcool. Falangeiros de Oxóssi se empenhavam em desmagnetizar de seu corpo etérico resquícios da densa energia deixada pelos obsessores, ao mesmo tempo em que, servidos pelo ectoplasma da corrente mediúnica aliada às energias da mata trazidas pelos elementais, formavam um plasma curativo que tentaria minorar os estragos gerados pelo alcoolismo em seus órgãos internos.

Embora tudo acontecesse no nível astral, era inevitável que ele se ressentisse no corpo físico, pois estava ligado àquela simbiose a tanto tempo que a retirada lhe causava uma sensação de perda. Sentiu enjôo e tontura que, aos poucos, foram passando, à medida que Pai Jacó higienizava sua aura com um galho de guiné.[1]

– Sinto tanta saudades de minha filha... mas tenho tanta culpa pela sua morte. Sou um traste...

– Saudades e culpa. E o que zi fio tem feito para melhorar isso? Zi fio tem rezado pela menina?

– Não, eu nem sei rezar.

– Hum... nem o sinal da cruz sabe fazer?

---

[1] Planta cujo poder energético transmuta as energias dos ambientes ou pessoas.

– Ah, isso sim, mas do resto das rezas já me esqueci.

– Pois é, então nego véio diz pra zi fio que se lembre da menina e fale com ela. Diga o que tá trancado na garganta e, principalmente, peça perdão pela falta de amor.

– Mas eu a amava! – interrompeu, aumentando o tom de voz.

– E ela sabia disso? Zi fio demonstrou esse amor a ela? Ela sentiu alguma vez proteção, amparo, carinho vindos de suncê? Nego véio não está aqui para julgar ninguém, mas de nada adianta ficar remoendo remorsos e não se conscientizar de que houve muitos erros e que estes precisam de correção. Quando a mãe dela se foi, zi fio se sentiu vítima do destino e afogou a solidão no copo de cachaça, esquecendo que havia ficado um pedacinho dela aqui na terra precisando de amor e cuidados. Alguém que o esperava todas as noites, preocupada com o pai irresponsável, e que só não morreu de fome pela caridade dos vizinhos.

O homem agora voltava a deixar a emoção brotar, desafogando toda dor que sentia no peito.

– Aquele espírito que veio como sua filha estava lá para lhe despertar o desapego e para ajudá-lo nesta dura batalha contra o vício, já trazido como uma má tendência de outras existências terrenas. Mas zi fio preferiu se anular em vez de lutar, diante da dificuldade.

– E o que me resta agora? Estou sozinho e sem esperança de nada.

– Ninguém está abandonado neste mundo, zi fio. O grande Zambi a todos socorre o tempo todo através de seus falangeiros da luz. Zi fio tem muita proteção ou então teria morrido queimado naquela casa e estaria agora no sofrimento em vez de estar aqui recebendo este socorro. Tudo o que aconteceu poderia ter sido evitado pelo seu livre-arbítrio, mas mesmo assim, zi fio, tire dos erros as lições que seu espírito precisa.

Depois de orientá-lo a fazer orações diárias, através de uma conversa amigável com o Criador, o preto velho chamou o cambono e pediu-lhe que encaminhasse aquele homem até o setor social daquela casa de caridade que mantinha uma clínica para viciados.

Renascia ali, mais uma vez, numa mesma existência terrena, um mesmo espírito. Após um tempo de desintoxicação, integrou-se ao corpo de trabalhadores da clínica, empenhando-se em ajudar a outros dependentes que lá aportavam. Nesse trabalho, conheceu uma moça dependente de drogas que ali se curava e com ela refez sua vida.

Alguns anos depois, os dois companheiros, curados e felizes, levavam uma linda menina para o preto velho abençoar. Agora aqueles olhinhos não demonstravam mais medo, somente muita esperança.

– Que Nosso Sinhô Jesus Cristo abençoe esta curumim e abençoe suncê, zi fio, para que desta vez possa mostrar todos os dias que a ama muito.

O homem entendeu o recado e, entre lágrimas, beijou as mãos de Pai Jacó.

– Às vezes, camboninho, é preciso que o fogo queime o passado para que possa brotar um novo amanhã. Saravá!

– Saravá, Pai Jacó. Sua bênção.

26
Agacha as costas e trabalha

> "Sede pacientes; a paciência é também uma caridade e deveis praticar a lei da caridade ensinada pelo Cristo, enviado de Deus."

– Saravá, zi fio. Por que tanto desânimo?

– Minha mãe, estou tentando servir na caridade, mas sempre aparece alguém com falsidade, cheio de intenções dissimuladas. Tentam semear o inço da discórdia e fico desanimado. Outros dizem que eu "não vou salvar o mundo", que é perda de tempo ficar tentando ajudar um ou dois quando o planeta está perdido pela maldade e pelas desgraças humanas.

– Meu filho, não queiras ser um holofote que do alto brilha e ilumina distâncias e amplos lugares. Contenta-te em ser uma vela que, postada no chão, serve de rumo na escuridão e, até que dure sua cera, brilha e clareia. Uma simples vela que serve de canal para a oração de quem tem fé ou de lâmpada para o casebre do humilde. Se ainda não conseguires ser essa lamparina, busca ser apenas um vaga-lume no meio do pântano, mas não deixa sua luz apagar, zi fio. Não existe e não queremos perfeição nesta terra dos homens. Brilha, mesmo parcamente, mas continuamente. Há de sempre haver quem precisa de um pontinho na escuridão para retomar seu rumo. Sê luz para as almas perdidas, sem ofuscar os olhos de quem necessita do seu coraçãozinho machucado, para que possam sentir e ver que também possuem sua própria luz. Lembra-te de Nosso Senhor Jesus Cristo que, podendo brilhar no céu como a mais linda estrela, preferiu descer à Terra e deixar aqui outros pontos de luz que iluminam o mundo, em especial o nosso Cruzeiro do Sul, que já serve de referência nos céus do planeta. Acima de tudo, quando vier a chuva de pedras, agacha mais e mais suas costas doloridas e trabalha. Olhando o chão poderás enxergar nele o brilho das estrelas refletido no suor da caridade, e teu espírito então se exaltará e qual holofote brilhará, sem ter subido ao alto. Assim, mantendo-te curvado para auxiliar o próximo, teus olhos não enxergarão nem o sorriso malicioso, nem o olhar maledicente, e teus ouvidos ocupados em ouvir o que vem do Alto não escutarão as palavras maldosas daqueles que ainda rastejam nas sua própria lama.

Minha bênção.

27
Maria... Maria...

"O homem de bem é bom, humano e benevolente para com todos, sem preferência de raças nem de crenças, porque vê irmãos em todos os homens."

A hora do parto havia chegado. A jovem negrinha, entre as dores e o medo, encolhia-se mordendo uma tira de pano, para evitar que seus gritos fossem ouvidos na casa grande. A senzala toda agora se movimentava em silêncio na noite escura de lua nova. Alguns invocavam os orixás sagrados a quem confiavam suas dores e devotavam sua fé, através de cantos que ajudavam a disfarçar os gemidos da negrinha. Outros tentavam descansar seus corpos maltratados pelo cansaço do dia na lavoura de café, sob o ardente sol, mesmo no chão duro de terra batida.

Duas horas já se passaram desde o início das dores, e a criança não nascia, apesar de todo o esforço das duas parteiras.

Como tantas outras antes dela o haviam sido, aquela negrinha fora a escolhida para ser a ama-de=leite do filho de sinhazinha que havia nascido naqueles dias. O sinhô aguardava o nascimento da criança para retirá-la da mãe, evitando que a amamentasse, uma vez que todo seu leite deveria servir para alimentar a sua filha. Sabendo disso, os negros da senzala tentavam evitar que alguém pudesse perceber que a criança nascia naquela noite, pois planejavam para mãe e filho uma fuga da fazenda juntamente com Negro Tonho, pai da criança.

Quando o dia amanheceu, a negrinha conseguiu parir a filha, que nasceu arroxeada por falta de ar. Acostumadas com essas dificuldades, as duas parteiras trataram logo de oxigenar a criança, forçando a respiração com suas próprias bocas, e conseguindo, com isso, salvá-la. A mãe, dado o imenso esforço e desgaste, desmaiara e apresentava hemorragia que nada conseguia estancar, vindo a morrer.

Assim que o feitor desconfiou da movimentação na senzala, foi averiguar. Vendo os negros a chorar ao redor do corpo morto da negrinha, tratou de avisar o patrão que, furioso, blasfemava e batia com a chibata em quem atravessasse em seu caminho.

Negro Tonho, desesperado e debruçado sob o corpo da amada, foi arrancado dali aos gritos e chibatadas do feitor, enquanto o patrão se apossava da criança recém-nascida, a quem amaldiçoava e ordenava que fosse jogada no rio para morrer.

Sob a súplica de sinhazinha, compadecida por aquele ser indefeso, o patrão, enraivecido, jogou a criança sobre as palhas do chão, ainda ensangüentadas do parto.

Por várias noites, os escravos acordavam com o cantarolar de uma canção de ninar. Alguns juravam enxergar a imagem da mãe morta embalando a criança que dormia junto de Negra Rosa que agora amamentava, além de seu filho, mais Mariazinha.

A criança tornou-se moça bonita, sendo cobiçada pelo filho do patrão, além de disputada pelos negros mais moços da senzala. Desde criança, no entanto, Maria demonstrava uma aptidão muito grande no trato com ervas usadas para a cura, cultivadas por sua mãe de leite, Negra Rosa. Durante o culto aos orixás que seu povo fazia em toda lua cheia, era Maria a escolhida por eles para trazer palavras de conforto à dor dos negros e, quando isso acontecia, ela entrava em transe profundo que a fazia curar doenças e prever acontecimentos futuros na vida das pessoas. No embalo do som produzido pelas palmas ritmadas das mãos calejadas dos negros, Maria bailava seu corpo esguio que, refletido pela luz da fogueira, ficava mais belo ainda. Para os negros, esses momentos eram sagrados, pois sabiam que a mesma fé que venceu os mares, nestes momentos, transportava-nos à terra de seus ancestrais africanos, buscando lá a força que os faria vencer o pesado resgate.

Muitos deles, os mais velhos, tinham o poder de visualizar além da matéria. Por isso sabiam que a negrinha servia de instrumento à força dos orixás que, nesses momentos, a iluminavam tal qual uma estrela do céu, dando a ela os poderes de uma deusa.

Logo essa fama vazou das paredes da senzala, o que fez com que o patrão viesse ver de perto aquilo que considerava "feitiçaria de negro". Impressionado com o que vira naquela noite, vendo-se já velho e adoentado, resolveu pedir que "aquilo que tomava conta do corpo de Maria" o curasse.

No seu transe, Maria fixava os olhos nos olhos daquele senhor que, em sua prepotência, acreditava poder exigir dos negros tudo o que quisesse. Aproximando-se do velho, Maria, incorporada pela entidade que representava o orixá Oxóssi, espalmou as mãos na direção de seu coração, gesticulando como se dele arrancasse algo, jogando aquilo no espaço. Soprando com força, aquilo que até agora só era visível para ela transformou-se numa bola negra que caiu sobre a fogueira, explodindo como um tiro.

O homem, ressentido pelo susto e pela dor que o processo lhe causou, desmaiou, para logo depois acordar e, dali em diante, não mais sentir aquelas dores que o atordoavam.

Depois disso, o senhor daquelas terras, o até então todo-poderoso, não era mais o mesmo. Seu humor melhorou e suas ordens agora eram de que nenhum escravo deveria mais ser levado a castigos extremos, muito menos para o tronco. Algo de ruim havia saído de seu coração e, seguidamente, sinhazinha o surpreendia com lágrimas escorrendo de seus olhos, coisa que jamais pensara ver naquele homem duro de coração.

Algum tempo depois, já no leito de morte, o patrão mandou chamar Maria. Agarrando suas mãos, pediu-lhe perdão por tê-la querido matar quando criança, entregando-lhe, então, a carta de alforria.

Maria nunca se casou, pois sabia que seu ventre era incapaz de gerar filhos e que sua missão era a de curar. Assim se fez sua vida. Entre benzeduras, garrafadas e conselhos, aliviava um pouco das dores e necessidades daquela gente negra que então era escrava da prepotência dos poderosos, mas que resgatava um passado em que se valiam da mesma prepotência para aniquilar outras almas.

Um dia, Maria dormiu e não mais acordou aqui na terra. Partiu para onde acreditava que os orixás a esperavam. Numa palhoça, no meio de uma linda mata, acordou com o cheiro das ervas que bem conhecia. Ao seu lado, segurando sua mão, estava aquela que a havia parido na terra. Por lá vive Maria, que ainda cura e abençoa, que ainda aconselha os homens sofridos, sejam negros ou brancos, tentando arrancar do coração deles o ódio, a ganância, a prepotência. Para tanto, ao som dos atabaques, dos pontos cantados ou simplesmente pela invocação de uma oração com fé, baixa nos terreiros, saravando em nome dos orixás.

 Abre este terreiro
 Abre este congá
 Chegou Maria Conga
 Ela veio trabalhar

28
Um padre no terreiro

"O Cristo foi o iniciador da moral mais sublime: a moral evangélico-cristã, que deve renovar o mundo, aproximar os homens e torná-los irmãos."

Padre André acabava de chegar naquela comunidade do interior paulista. Como sempre fazia quando era transferido para novo local de trabalho, caminhava horas a fio pelas ruas com a finalidade de conhecer as pessoas do lugar. Ainda bastante jovem, era dinâmico e muito sorridente, o que cativava a simpatia de seus paroquianos.

A apenas um dia de sua chegada, quando ainda não havia rezado a missa dominical de apresentação, Padre André fazia sua caminhada matinal e, ao passar por uma esquina, observou um grande número de pessoas que ali se aglomeravam, chamando atenção entre risos e brados de indignação. Aproximando-se, houve um silêncio respeitoso diante de sua presença, que foi quebrado por uma senhora idosa que, demonstrando desconforto, bradou:

– Veja, "seu padre, que absurdo o que fazem esses macumbeiros! É preciso que o senhor mande fechar esses lugares do demônio que proliferam aqui em nossa cidade.

Padre André pôde observar que na esquina havia uma oferenda em que restos de uma ave, entre outras coisas, causavam um cheiro muito ruim e atraíam moscas.

Solicitou que as pessoas se afastassem, pois ele mesmo daria um jeito de retirar aquela material para evitar o incômodo que causava aos vizinhos do local.

– Eu, se fosse o senhor, não mexeria nisso! Isso é feitiço e pode até matar uma pessoa – ousou ainda desabafar a indignada senhora.

– Não se preocupe, minha senhora. Pode voltar tranqüila para sua casa.

Padre André já havia passado por muitas situações desconcertantes e improvisos de toda ordem nos poucos anos de seu sacerdócio, mas era sua primeira experiência em juntar oferenda de esquina. Com uma breve oração a São Francisco de Assis, a quem considerava seu amparador, pediu proteção e intuição de como deveria agir.

Olhando ao redor, observou uma caixa de papelão e dela fez uso para, com todo respeito, recolher com um pedaço de pau a oferenda que estava colocada em uma bandeja de papel. Com a ajuda de um menino e de uma pá, andou algumas quadras e, em um terreno baldio, cavou e enterrou o material, uma vez que sabia que a terra logo trataria de desintegrar tudo aquilo. Antes, tomara o cuidado de retirar os materiais que não se deteriorariam no solo, como um copo plástico e uma garrafa de vidro, e depositá-los em uma lixeira.

O menino, curioso e ao mesmo tempo sentindo-se privilegiado por ter sido escolhido como ajudante do padre, não poupou as perguntas:

– "Seu padre, é verdade que isso é feitiço e que é feito para o mal das pessoas?

– Não posso lhe afirmar com que intenção isso foi feito, meu filho. O que posso afirmar é que o maior erro está em sacrificar um pobre animal e, ainda por cima, expor seus restos num lugar público, causando mau cheiro e transtornos às pessoas que usam a via.

– Mas isso não é coisa oferecida para os maus espíritos? Minha mãe sempre me fala para não chegar perto dessas coisas, pois ali está cheio de maus espíritos.

Padre André não pôde deixar de sorrir e completou.

– E você sabe o que é um "mau espírito"?

– Sei não, "seu" padre!

– Ah, então deixa assim. Vai jogar bola com os garotos e tenha um bom dia.

– Sua bênção, padre.

Na caminhada de volta à igreja, o padre parou para conversar com um senhor idoso que calmamente assobiava enquanto juntava em uma sacolinha os papéis e plásticos que encontrava jogados entre as flores da praça.

Encantado com o gesto, cumprimentou amigavelmente o homem que, ao vê-lo, o saudou reverentemente.

– Bom dia, padre. Muito prazer em conhecê-lo. Sou Justino, e moro nesta cidade há mais de 40 anos.

E com um sorriso, completou:

– Então, o senhor é o padre que juntou a oferenda da esquina onde mora dona Mariana.

– Bom dia, seu Justino. Sou eu mesmo, mas como o senhor já sabe disso, se faz alguns minutos apenas?

Sorrindo mais ainda, Justino falou:

– Padre, cidade pequena é assim. Funciona o telefone-sem-fio numa rapidez incrível!

Agora quem sorria com vontade era Padre André.

– Estou vendo o senhor juntar o lixo da praça. Parabéns, seu Justino.

– Ah, padre, faço isso todas as manhãs, pois estou aposentado e enquanto faço minha caminhada matinal aproveito e recolho coisas que as crianças deixam na praça, ou que o vento traz das ruas.

– Louvável sua disposição. E vejo que faz isso com alegria.

– Sabe, a gente nesta idade já passou por tantas experiências de vida que resolve ou ser feliz ou ficar um velho azedo. Escolhi ser feliz, até porque minha vida é maravilhosa. Tenho família que me respeita, tenho saúde e tenho minha fé, que me sustenta nos momentos difíceis.

– Ah, mas que bom ouvir isso. E qual é sua fé, seu Justino?

A essa altura os dois procuraram um banco à sombra e ali se acomodaram. A pergunta de padre André se dava em razão de ter observado que seu Justino carregava no pescoço uma corrente prateada com pequenos símbolos dispostos e intercalados.

– Sou umbandista, padre, com a graça de Oxalá – respondeu seu Justino, olhando para o alto, com a mão direita sobre o coração.

Encantado com o respeito daquele senhor pela natureza e também pelos seus orixás, o padre entusiasmou-se em perguntar:

– Seu Justino, com todo respeito, e deduzindo que o senhor conhece o assunto, gostaria de lhe perguntar sobre essas oferendas popularmente chamadas de macumba.

– Padre, tenho por costume levantar muito cedo e dar minha volta pela cidade. O trabalho que o senhor fez hoje de juntar na esquina aquele material, eu tenho feito quando encontro isso no caminho. Começo esclarecendo ao senhor que esse tipo de oferenda não é realizado por adeptos de minha religião, a umbanda – embora, por falta de conhecimento se atribuam aos umbandistas essas atitudes que considero um afronto ao bom-senso e um desrespeito com as pessoas e a natureza. Sou umbandista há 30 anos, e hoje dirigente de uma casa de umbanda, e lhe digo que nunca matei um animal para oferendar, e nunca sujei a natureza ou alguma encruzilhada. Desta forma estaria agredindo os princípios dessa sagrada religião. Os irmãos umbandistas que fazem parte da nossa casa são instruídos a realizarem a limpeza dos sítios vibratórios da natureza, local sagrado em que se manifesta a força dos orixás e que nos refaz as energias. Uma vez por mês, em um domingo, percorremos toda a extensão do riacho e limpamos suas margens e a cachoeira. Nessa cachoeira, depois da limpeza, realizamos um pequeno culto aos orixás, saudando as sete linhas da umbanda através de nossos guias e protetores que nos presenteiam com sua presença e sua irradiação, deixando suas mensagens aos filhos da Terra.

– Seu Justino, a quem o senhor atribui as oferendas das esquinas e encruzilhadas? Com todo respeito ao seu culto, sempre ouvi falar que isso era feito pela umbanda.

– Infelizmente, padre, existe uma triste confusão em relação à umbanda com outros cultos, que insistem em ser chamados de umbanda ou espiritismo pelo fato de usarem a mediunidade. A umbanda é acima de tudo caridade desinteressada e, sendo assim, jamais vai contrariar as leis divinas que respeitam todas as criaturas e seres do universo. Não posso lhe dizer a quem pertence a responsabilidade desses "despachos" colocados em lugares estratégicos. O que sei é que, seja de quem for, eu respeito, mas não compartilho de suas idéias e não compactuo com seus métodos de trabalho. Afirmo categoricamente, baseado nas palavras do espírito iluminado que implantou a umbanda em solo brasileiro, que isso não é trabalho de umbanda.

Impressionado com a sabedoria que exprimiam as palavras daquele homem simples, e vendo nele a dignidade tão em falta nas pessoas de hoje, o padre o abraçou, comovido, prometendo voltar outras manhãs para conversarem mais, já que neste dia muitas atividades o aguardavam.

De volta à igreja, padre André deparou com três senhoras que, ajoelhadas, pareciam rezar fervorosamente e que, ao vê-lo, vieram ao seu encontro, cheias de curiosidade.

– Como foi a conversa, padre? O senhor proibiu aquela gentinha de continuar fazendo seus despachos?

– Bom dia, minhas senhoras. Que Nosso Senhor Jesus Cristo as abençoe! De que conversa as senhoras falam?

– Com o macumbeiro, lá na praça.

– Estive conversando com seu Justino, com quem simpatizei muito.

Fazendo o sinal da cruz, as três senhoras o alertaram:

– Padre, ele é o feiticeiro que larga aqueles horrores nas esquinas. Eu mesmo já o vi de madrugadinha fazendo isso na esquina de casa.

– A senhora tem certeza do que fala? Não estaria ele retirando aquilo que estava na esquina e limpando a rua?

– Nada... ele é quem faz e coloca. Dizem até que tem criação de galo preto só para fazer esses feitiços e que cobra uma nota...

– Isso mesmo, padre. Falam até que a mulher dele, que é bruxa, usa de sortilégio para atrair pessoas e delas tirar dinheiro.

A outra senhora, com os olhos arregalados, esperava uma reação do sacerdote.

Calmamente, ele as ouviu dispararem suas ferinas línguas quais flechas envenenadas e depois, pedindo licença, despediu-se, convidando-as a participar da sua primeira missa dominical na cidade.

Em muitas outras manhãs, Padre André levantava bem cedo para poder encontrar-se com seu Justino e, juntos, caminhavam pelas ruas da cidade aproveitando a brisa matinal, momentos em que aprendia muito com aquele sábio homem.

– Seu Justino, vou lhe fazer uma pergunta que há muito fervilha em minha cabeça. O senhor já me explicou muito sobre mediunidade, mas como saber se somos médiuns? Eu poderia ser um deles?

Com largo sorriso, seu Justino responde:

– Jesus foi o maior médium que já encarnou aqui na Terra. Médium do Cristo Cósmico, trazia dele as mensagens e luzes que espalhou por entre os homens em sua curta trajetória terrena. Usou isso para curar o corpo e a alma dos homens. Mas, por contrariar a convicção dos poderosos e ignorantes, como hoje ainda acontece, ele foi mal incompreendido e assassinado sob acusação de prática de feitiçaria. Muitos outros, antes e depois dele, desceram à Terra com essa missão mediúnica. E quase todos foram sacrificados, pelo orgulho e pelos interesses mesquinhos do poder. Mediunidade não escolhe religião para se manifestar; escolhe a necessidade do espírito em ressarcir erros passados ou vem como missão, como era o caso de Jesus. A mediunidade fornece oportunidades de auxiliar o Criador na sua obra do bem, mas que por vezes é distorcida e mal-usada também.

Olhando firme nos olhos do Padre, seu Justino afirma, irradiado por seu guia espiritual:

– O senhor, padre André, é um missionário do bem e, como tal, dispõe da faculdade mediúnica que lhe foi dada para levar a verdadeira mensagem cristã ao coração dos homens, e por isso tem sido incompreendido dentro da Igreja e transferido seguidamente de paróquia.

Com os olhos banhados de lágrimas pela emoção que sentiu ao ouvir as palavras de seu Justino e também pela energia que o envolveu, dando-lhe um bem-estar muito grande, padre

André lembrou de quantas vezes seus projetos de evangelização eram boicotados por seus superiores. Nunca havia entendido por que era tão discriminado e mal-interpretado dentro da sua amada Igreja.

Naquele momento, depois de tantas conversas esclarecedoras e racionais daquele bom homem, ele compreendia o que significam seus "sonhos" com aquele que considerava um "anjo" e que, agora sabia, eram encontros em desdobramento do sono com seu protetor espiritual. Compreendia as suas "visões" de coisas que outras pessoas não enxergavam e até sorria ao lembrar o dia em que, na hora da distribuição da sagrada comunhão, a hóstia havia caído de suas mãos pelo susto da visão que tivera. Ao ofertar a comunhão para uma pessoa, esta abriu a boca e dela saiu um uma língua de duas pontas, como a de uma cobra que sibilava. Outras visões de seres iluminados ou seres enegrecidos junto às pessoas eram comuns durante sua missa.

Padre André agora enfatizava em seus sermões, mais do que nunca, o respeito que deveriam ter seus fiéis com a fé alheia e o discernimento do bem e do mal, bem como que deveriam evitar julgamentos precipitados a respeito das pessoas que não comungassem das mesmas idéias.

No dia em que resolveu tocar sutilmente na idéia reencarnacionista, durante uma missa de velório, foi duramente advertido por alguns católicos ortodoxos que não tardaram em denunciá-lo para o bispo dizendo que, além de ter idéias esdrúxulas, padre André estava enfeitiçado por Justino.

Em poucos dias, padre André recebeu sua transferência, junto à séria ameaça de interdição de seu apostolado.

Triste, foi ter com seu amigo Justino na manhã seguinte, de quem recebeu palavras de incentivo.

– Justino, meu caro e estimado amigo. Até hoje evitei realizar um sonho pelo receio do que isso viesse a causar mas, diante dos fatos, vou pedir-lhe se posso visitar sua casa de umbanda antes de deixar a cidade, durante a gira, como vocês chamam.

Com seu habitual sorriso, Justino o abraçou e falou:

– Nossa casa é de caridade e aberta a todos que a buscam. Será uma honra e um prazer recebê-lo, meu amigo querido. Lá receberá de seus protetores a luz e a força de que vai precisar para continuar sua caminhada.

E, assim, aquele que nascera em família católica e escolhera a missão mediúnica de sacerdote dentro de sua religião entrava na Casa de Caridade Umbandista Caboclo Ubiratan, dirigida por um sacerdote umbandista, seu amigo Justino. Lá, sua alma se reencontrava com velhos e queridos amigos de outras paragens e de outros tempos que se perdiam na história. Sua vidência acentuada agora se ampliava naquele ambiente iluminado pelas luzes da caridade, e de seus olhos as lágrimas emocionadas rolavam. Seu corpo todo e seu espírito vibravam ao toque dos atabaques e ao cantar dos pontos que a ele soavam conhecidos.

Humildemente, aguardou por seu atendimento e, quando se ajoelhou diante do médium Justino, incorporado por seu preto velho que pitava um cheiroso cachimbo, seus olhos se arregalaram diante da visão. Ali, na simplicidade do terreiro e com a aparência de um mestiço velho, era impossível não reconhecer no sorriso e nas palavras o seu amado instrutor e amigo espiritual que, seguidamente, lhe presenteava com sua presença na figura de um sacerdote jovem e altivo.

E dele recebeu o abraço, o alento e a promessa de continuarem pregando o verdadeiro Evangelho. Respeitando as leis da Igreja, alertariam as mentes para aquilo que O Mestre ensinou em suas andanças: o amor e o perdão incondicional. Havia a certeza de que, em cada lugar onde estivesse, estaria sendo útil aos homens e a Deus, enquanto levasse consigo a pureza de propósitos em seu coração.

No outro dia, ainda de madrugada, seu Justino aguardava junto com padre André o ônibus que o levaria para a nova morada. Na despedida, um abraço emocionado e sem palavras era a promessa de que, em algum lugar, algum dia, os dois velhos amigos se reencontrariam para novos aprendizados.

Em caminhos e situações diferentes, pelas veredas da vida, encontramo-nos seguidamente com almas afins, pois é preciso matar as saudades que nosso espírito traz, refazendo os laços que unem os corações que se amam. O verdadeiro e incondicional amor transcende o tempo e perdura pelos milênios afora. Quando o reencontro acontece, se dá como um novo renascer.

29
Cigana Sarita

"O verdadeiro homem de fé respeita nos outros todas as convicções sinceras, e não lança o anátema àqueles que não pensam como ele."

Sarita acordava sentindo o cheiro das flores trazido pelo vento que balançava a alva cortina da janela. O sol estava radiante lá fora e, embora ela já estivesse sentindo-se melhor, ainda não tinha coragem de sair da cama. O quarto aconchegante, mesmo na sua simplicidade, era convidativo ao descanso.

Absorta em seus pensamentos, nem percebeu a presença do enfermeiro que entrara com o seu desjejum e que a observava parado. Olhava os pássaros que pulavam de galho em galho num festival de alegria, como a saudar a vida, quando foi desperta pelo "bom dia" de Raul.

– Oh... desculpa. Eu estava distraída.

– Encontrá-la acordada é muito bom. Vamos ao desjejum, pois hoje nós vamos levantar desta cama e ensaiar os primeiros passos no seu novo mundo.

– Não me sinto capaz de caminhar ainda. Na verdade, não sinto minhas pernas.

– Sarita, já conversamos sobre isso. É apenas impressão trazida no seu corpo mental. Você só precisa tomar uma decisão firme de que quer caminhar e assim se processará. Essas pernas que a acompanharam além-túmulo são saudáveis. Foram longos anos de dor e sofrimento, mas agora tudo acabou, é preciso que se conscientize disso e reaja.

Com a paciência e disciplina de um instrutor, Raul conseguiu que Sarita desse seus primeiros e cambaleantes passos. Em poucos dias, entusiasmada com a beleza do local, esqueceu-se da suposta limitação e já caminhava feliz por aquele maravilhoso jardim, que mais parecia um bosque.

Passaram-se alguns anos do calendário terreno desde essa época, e Sarita lembrava-se ainda emocionada de sua história triste, mas com final feliz. Não havia como não recordar, especialmente agora que estava em treinamento naquela colônia espiritual para assumir um trabalho junto aos encarnados. Apreensiva, lembrava-se da manhã em que foi convidada a freqüentar os bancos escolares, por seu "mestre-anfitrião". Como já estava ambientada com o local e sabia como eram distribuídas as funções de acordo com a afinidade e, principalmente, necessidade de cada espírito, sabia perfeitamente que não seria chamada ao trabalho de "anjo-de-guarda". Mas tinha certeza de que suas funções se dariam no plano terreno, o que a atemorizava um pouco, pela experiência da última encarnação.

No curso, os ensinamentos recebidos eram perfeitamente adaptados ao aluno de acordo com as experiências trazidas. Sarita não tinha mais dúvidas: trabalharia nas fileiras da nova religião que se instalava no país onde vivera sua última encarnação, a umbanda. Pelo seu conhecimento magístico mal-aproveitado, teria de direcioná-lo agora para se fazer cumprir a Lei. Em breve seria apresentada ao médium com quem trabalharia como pomba-gira, mas de antemão já sabia que, embora ele fosse umbandista, tinha preconceito com essas entidades. O desafio recomeçava.

Olhando a lua que bailava por entre as estrelas, Sarita meditava, deitada na relva, fazendo uma retrospectiva de sua última encarnação. Lembrava-se da infância feliz vivida junto de muitas outras crianças, naquela vida nômade que levava sua trupe. Da adolescência, em que seus "dotes" ou poderes mágicos se acentuaram; de quando começou a ser a cigana mais requisitada para ler as mãos das pessoas. Sua tenda, onde quer que estivesse o grupo, era cheia de fregueses. Por meio dela é que o grupo obtinha a maior renda para sua sobrevivência.

Após febre muito forte sofrida em função de uma infecção, Sarita sentiu que seus "poderes" de adivinhação haviam sumido, mas de maneira alguma deixou aparentar isso ao grupo ou a quem fosse. Daí em diante, passou a fingir e a cobrar mais caro por isso. O dinheiro fácil passou a entusiasmá-la. Como sempre fora muito vaidosa, agora podia se cobrir com as jóias mais caras e deslumbrantes e vestir-se com as sedas mais finas.

Tornou-se a cigana mais respeitada, e logo assumiu o comando do grupo. A ternura angelical daquela jovem agora desaparecia, dando lugar a um radicalismo quase maldoso quando agia em defesa dos seus. Seu povo era muito perseguido e discriminado naquelas terras. Isso fazia com que Sarita procurasse ganhar muito dinheiro e, para tal, não media conseqüências. Em uma emboscada, que acabou passando por um acidente, Sarita desencarnou, deixando seu povo sem líder e desesperado. A dependência de seu povo era tamanha que não sabiam mais pensar sozinhos. A morte daquela cigana a quem consideravam quase uma deusa os pegou desprevenidos. Nesse desespero, buscavam a ajuda do espírito de Sarita, pois acreditavam que agora virara santa e que, certamente, mesmo do outro lado, ela não desampararia seu povo. Em função disso, criaram cultos e os peditórios foram aos poucos se espalhado além do povo cigano. O túmulo de Sarita virou santuário, com filas enormes de pessoas que se aglomeravam em busca dos milagres.

Ignorando a realidade do lado espiritual, não sabiam o mal que estavam fazendo àquele espírito que, desesperado, se via fora do corpo carnal, mas grudado nele, sentindo sua deterioração. Em desespero total e agarrada às suas jóias, com as quais foi sepultada, Sarita pedia socorro. Os amparadores espirituais lá estavam querendo ajudá-la, mas ela sequer os enxergava dentro do seu desespero e revolta pelo acontecido.

Ouvia toda a movimentação que se fazia fora de seu túmulo e, por mais que gritasse, ninguém a ouvia. Se existia inferno, o seu era esse. Tudo aquilo durou longos e tenebrosos anos, até que seu túmulo foi assaltado durante a noite e os ladrões levaram suas preciosas jóias. Em desespero, assistia a tudo sem nada poder fazer; restava-lhe apenas um monte de ossos. Só então se deu conta de sua verdadeira situação e se lembrou do que sua mãe a ensinara quando pequena sobre a vida após a morte. A lembrança de sua mãe a fez chorar, implorando que ela a viesse tirar daquele sofrimento. Depois disso desacordou e só depois de muito tempo hospitalizada no mundo espiritual é que despertou, vindo a saber do isolamento que se fizera necessário em função das emanações vindas da Terra, por causa de sua falsa "santificação".

Seu povo agora usava a imagem da idolatrada Sarita em medalhas que eram vendidas como milagreiras, além de manter seu túmulo um verdadeiro comércio visitado por caravanas vindas de lugares distantes.

Lembrava-se do dia em que, já curada e equilibrada, pôde visitar aquele lugar junto com seus amparadores, para seu próprio aprendizado e das palavras sábias de seu instrutor:

– Filha, o mundo ainda teima em manter os mercadores do templo. Criam-se os milagreiros que após o desencarne passam a ser santificados de maneira egoísta e mesquinha, preenchendo o vazio que a falta de uma fé racional traz ao coração dos homens. São mentiras mantidas por pastores que, visando ao brilho do ouro, traçam caminhos duvidosos e perigosos para suas ovelhas dando, com isso, imenso trabalho à espiritualidade deste lado da vida. Criam uma farsa que é mantida pelo desespero de pessoas ignorantes e sofredoras, obrigando-nos a formar verdadeiros exércitos de trabalhadores com disponibilidade de atendimento a essas criaturas. Mesmo assim, por mais errado que seja esse tipo de atitude, a Luz o aproveita para auxiliar os necessitados, mantendo ali um pronto-socorro. Com o sofrimento do espírito "santificado" que se vê vivo e impotente do outro lado, aliado à distorção comercial; esses lugares servem para que muitos espíritos encontrem ali o portal de retorno.

Sarita, tentando manter o equilíbrio e as emoções, via o intenso movimento de espíritos trabalhadores socorrendo os desencarnados que vinham em bando junto aos romeiros, e observava pela primeira vez como aconteciam os chamados milagres.

Uma senhora chorosa, ajoelhada aos pés do túmulo, implorava ao espírito de Sarita a cura de sua filhinha que estava ficando cega devido a uma doença rara que exigia cirurgia caríssima, longe de suas possibilidades financeiras.

A fé dessa mulher e o amor por sua filha eram tão intensos que de seu cardíaco e de seu coronário exalavam chispas luminosas que se perdiam no ar. Ao seu lado, dois espíritos confabulavam analisando uma ficha com anotações e, logo em seguida, um deles, colocando a mão sobre a cabeça da mulher, transmitiu-lhe vibrações coloridas que a acalmaram, intuindo-a a ter a certeza de que seu pedido seria atendido. Deixando algumas flores sobre o túmulo, ela se retirou. Curiosa, foi ter com os dois jovens, querendo saber o que realmente acontecia nesses casos.

— Minha irmã, analisamos cada caso e, dentro do merecimento de cada espírito e de acordo com a fé e sinceridade de propósitos, sempre respeitando a lei e o livre-arbítrio das criaturas envolvidas, procuramos auxiliar. Essa senhora será procurada por um grupo de estagiários de medicina que levarão sua filha à cirurgia de que necessita, fazendo com que recupere a visão.

— Ah, e certamente isso será atribuído a mim como mais um milagre.

— A você? — indagou, contrariado, um dos jovens.

— Sim... ah, me desculpem, não me apresentei. Sou a própria, a cigana Sarita.

— Nossa, que surpresa! Muito prazer! Não é todo dia que se conhece uma "santa", brincou o outro.

Com um sorriso amarelo, Sarita tentou em vão desconversar, pois agora a curiosidade deles era maior do que a dela em saber detalhes de como tudo isso havia ocorrido. E longe dali, em lugar mais propício, junto à natureza, eles trocaram válidas experiências.

Mas agora tudo isso eram lembranças. Aquele espírito em cuja última encarnação terrena viera como uma cigana que se chamava Sarita, agora no mundo espiritual se comprometia a assumir um trabalho difícil no qual sentiria de perto, novamente, o preconceito dos seres humanos. Preconceito esse tão grande e revestido de tamanha ignorância que certamente seria tratada como verdadeiro "demônio", sendo expulsa como tal. Mesmo assim, sabia que teria de atuar dentro da lei e ignorando tudo isso. Teria de trabalhar com muito amor, auxiliando os encarnados a curarem suas mazelas, pois só assim curaria as suas, que estavam impressas em seu átomo primordial, carecendo de urgente reparo.

    Enquanto seu médium girava no terreiro ecoando uma gargalhada que avisava a chegada de pomba-gira cigana, romeiros continuavam buscando no túmulo da santa cigana Sarita" o milagre que ignoravam residir apenas dentro deles mesmos.

30
Os lobos estão soltos

> "Na ordem dos sentimentos, o dever é muito difícil de ser cumprido, porque se acha em antagonismo com as seduções do interesse e do coração; suas vitórias não tem testemunhos, e suas derrotas não tem repressão."

– Camboninho, sente aqui nos pés da preta velha. Venha emprestar seus ouvidos, pois este espírito que habita o mundo dos mortos está precisando falar o que vem sentindo em seu velho e insistente coração.

– Salve, minha boa mãe preta. Aqui estou para aprender com vossa sabedoria.

– Meu menino... preta velha tem feito sua gira pelos terreiros dessas terras do Cruzeiro e, entre risos de alegria por ver que a caridade se expande, contrariando as dificuldades deste mundo materialista, algumas lágrimas de dor têm caído deste rosto enrugado pelo tempo.

– Posso saber por que chora, minha mãe?

– Negra velha já deveria estar acostumada com as agulhadas dos espinhos e com as chicotadas... e até suporta isso quando a dor vem para o próprio corpo, mas se ressente e sofre quando isso se dá no coração dos filhos de fé.

Camboninho, tenho visto tanta discórdia tomar conta das fileiras da caridade, apagando as tochinhas da fé daqueles que não a têm bem fortalecida. Há muito tempo do vosso calendário desceu dos céus e veio habitar entre vós um grande mestre, filho do Altíssimo. Por aqui, ele deixou muitas mensagens. Dentre elas, ensinou aquilo que seus discípulos expandiram através das escrituras sagradas: "A caridade é paciente; é doce e benfazeja; a caridade não é invejosa; não é temerária e precipitada; não se enche de orgulho; não é desdenhosa; não procura seus próprios interesses; não se melindra e não se irrita com nada; não suspeita mal, não se regozija com a injustiça, mas se regozija com a verdade; tudo suporta, tudo crê, tudo espera, tudo sofre". E falou também que haveria um tempo em que se abririam as portas por onde seriam soltos os lobos e, para tanto, as ovelhas deveriam estar atentas para que não fossem apanhadas de surpresa. E esse tempo chegou, meu menino. Os lobos estão famintos, e nem todos os cordeiros suficientemente fortalecidos para poder fugir do assalto das feras. Por todo o tempo ignoraram que era preciso mais que se dizer "filho do Pai"; precisavam se fazer dignos deste Pai, honrando-O e a seus mandamentos. As leis existem para serem cumpridas. A partir do momento em que uma delas passa a não ser observada, abre-se preceito para que as outras percam seu valor. Portanto, a caridade é uma preciosa moeda, de valor incalculável. Mas, como toda moeda, pode ser falsificada, e assim o é, quando não possui o brilho do desprendimento e do amor. Ela também deve ser pautada nas leis que regem a humanidade, e há que se ter discernimento para que não se joguem pérolas aos porcos. Os famintos lobos, vorazes e vindos de um mundo sem lei, desrespeitam o livre-arbítrio das ovelhas e, ao menor indício de desatenção, pulam sobre a presa e devoram seu coração. É dele que se alimentam e, a partir de então, as ovelhas, quais zumbis, perambulam comandadas por falsas leis gerando falsas idéias. E aquilo que até então se fazia valer dentro do rebanho perde o sentido e os valores reais. E o pior de tudo, meu menino: perder o coração pode ser contagioso! Vejo com o coração doído, meu menino, esses lobos atacarem ferozmente os rebanhos do Mestre. Ovelhas escolhidas para sustentar esse final de ciclo terreno que venceram as tentações da matéria e do desregramento sexual, as duas fatais jogadas das trevas sobre os homens até então, mas que agora sucumbem por deixarem se confundir nos reais valores da caridade e da fé. E, como um vendaval, entram soprando as tochas acesas, tentando escurecer nosso mundo e apagar a luz. E ai daqueles que sucumbirem! Ai daqueles que, testados até então e ainda vitoriosos, não conservarem neste último e derradeiro instante sua luz acesa, mostrando de que lado se encontram. O joio e o trigo não mais permanecerão na mesma lavoura, e a separação se faz rápida para que os novos tempos cheguem trazendo boa colheita. As mentes desavisadas, o emocional desequilibrado e a vaidade exacerbada fazem com que se lancem no lodaçal aquelas que seriam boas sementes, e lá apodreçam sem germinar. Atente, meu menino, para a voz do seu coração, e não ensurdeça agora. Muitos uivos se ouvirão e confundir-se-ão pelas ondas do tempo. É preciso, acima de tudo, discernimento e a certeza de que não é apenas a pele de cordeiro cobrindo o lobo, mas que dentro deste cordeiro existe a marca do Mestre. E essa marca, meu filho, é demonstrada pela humildade e pelo desprendimento em se exercitar a caridade, sem falsos falatórios que enchem a boca, mas esvaziam o coração. Caridade feita pelo arquear de suas costas, olhando-se o chão mas vislumbrando nele o reflexo de um céu estrelado, e que cada estrela seja representada por uma gota de seu suor nas horas de doação. Prossiga assim, meu menino, e não perca ao longo do caminho essa inocência de seu olhar, que ainda faz das crianças a esperança da renovação. Saravá, meu camboninho!

— Saravá, minha mãe, sua bênção!

31
Oferendando

"A fé é a virtude que ergue as montanhas, vos disse Jesus; todavia, mais pesados do que as mais pesadas montanhas jazem no coração dos homens a impureza e todos os vícios da impureza."

Maria era mulher de fé. Acreditava em Deus, rezava todos os dias. Considerava-se sem preconceitos e, por isso, aos domingos (todos os domingos) ela freqüentava a missa; e rezava. Na segunda-feira, ela gostava de assistir o culto carismático da igreja ao lado de sua casa, e cantava. Na terça-feira, não perdia por nada a sessão de descarrego da igreja evangélica, onde o pastor expulsava todos os demônios, e delirava. Na quarta-feira, Maria, que era filha de Deus, dava-se ao luxo de ir ao bailão e divertir-se, e dançava. Na quinta-feira, havia a missa das almas que Maria oferecia para seu falecido marido, e chorava.

Mas na sexta-feira, ah!, esse dia era sagrado. Pegava o ônibus e, lá num bairro bem distante, ela freqüentava um terreiro que se denominava de umbanda, e oferendava. O dinheiro de um dia de trabalho na semana Maria guardava para, na sexta-feira, comprar o material destinado à oferenda que o suposto guia lhe exigia a fim de que sua vida progredisse, pois Maria pedia. E pedia tanto... ela precisava ganhar mais, o filho precisava de emprego, ela desejava arrumar um namorado, sua mãe estava adoentada...

Conforme a orientação que recebera, Maria precisava oferendar alguns maços de velas e mais alguns objetos preparados pelo "guia" no cemitério junto ao cruzeiro. Maria não gostava desses lugares, mas confiava que as oferendas a ajudariam a melhorar a vida.

Acendeu as velas e, ajoelhada, rezava e pedia... Uma senhora negra de cabelos branquinhos e com um olhar muito amoroso se aproximou e, ajoelhando-se ao seu lado, rezava baixinho; mesmo assim, Maria pôde ouvir o que ela dizia:

– Senhor, meu Deus! Obrigada por ter me recebido neste mundo. Obrigado pela vida e por todos os filhos que posso ajudar. Permita que eu continue servindo aos meus irmãos na Terra. Ampara todas as almas que aqui estão perdidas, acolhendo-as com Teu imenso amor. Amém.

Quando Maria retornava, a mesma senhora estava sentada à sombra de uma árvore, próximo ao portão do cemitério. Abrindo um bonito sorriso, a senhora falou, educadamente:

– Bom dia. Você não quer se sentar um pouco à sombra para se refrescar?

– Bom dia. Vou aceitar seu convite. A senhora vem sempre aqui para rezar?

– Sempre que se faz necessário.

– Como assim?

– Às vezes, precisamos ajudar algumas pessoas. Observei que a filha trouxe uma oferenda.

– É...

– E percebi que esteve fazendo muitos pedidos.

– Pois é, o guia lá do centro me orientou a fazer as oferendas e os pedidos.

– E esse "guia" não a orientou a oferendar seu trabalho

para o bem dos necessitados? Nem a agradecer o tanto de bênçãos que já tem?

Maria, a essa altura, já não estava gostando muito daquela conversa e tratou logo de despedir-se, alegando estar atrasada para seus compromissos.

Naquela noite, Maria adormeceu mais cedo que de costume e em seus sonhos aquela senhora de olhar tranqüilo apareceu. Escutava seu chamamento, e logo se viu com ela num lindo bosque onde as duas caminhavam e conversavam. Ao acordar já não lembrava mais do sonho, mas uma sensação muito boa tomava conta de Maria, que passou o dia cantarolando.

Naquela semana, inacreditavelmente ela não sentiu vontade de realizar a romaria de todas as igrejas. Na quinta-feira, encontrou na rua, ao acaso, uma antiga amiga, que a convidou para visitarem juntas um terreiro de umbanda próximo à sua casa.

Quando ajoelhou-se em frente à preta velha e esta tomou-lhe as mãos entre as suas, teve a impressão de que aquele carinho lhe era conhecido. Enquanto a bondosa entidade, através de sua médium, cantarolava e a benzia com um galho de erva verde, Maria, sem saber por quê, deixava as lágrimas rolarem pelo seu rosto. Uma espécie de saudade brotava do fundo de sua alma e, ao mesmo tempo, uma imensa paz a envolvia.

– Saravá, mi zi fia! O que suncê veio buscar nesse terreiro?

– Salve, minha mãe! Nem sei o que pedir... estou me sentindo estranha.

– Então não precisa pedir nada, zi fia, pois o Grande Pai sabe de tudo aquilo que nós precisamos e nos dá conforme nosso merecimento. Nossa obrigação é dar graças todos os dias por cada minuto que nos é concedido viver.

– Pois é... mas a vida é tão difícil, preciso de tantas coisas que não acontecem, embora já tenha feito tantas oferendas...

– Nega véia sabe que zi fia foi até ao cemitério oferendar

e pedir. Nada contra as oferendas quando se fazem necessárias, desde que tenham um fundamento, que sejam colocadas no lugar certo, de maneira correta e na energia adequada. Os sagrados orixás e seus falangeiros não haverão de ficar felizes com os filhos que sujam seus sítios sagrados. A maior e melhor oferenda aos orixás, zi fia, é nosso amor e respeito ao nosso semelhante. É trabalhar para melhorar nossos defeitos, elevar nossos sentimentos. De nada adianta oferecermos coisas materiais para solicitar a realização de nossos desejos, de nossas vontades, que nem sempre é o melhor, pois as dificuldades estão aí para nos mostrar que necessitamos mudar algumas coisas em nossas vidas. Isso é permuta, é negociação. Com o "divino" não se negocia, pois como bem disse Nosso Sinhozinho Jesus, "a cada um segundo as suas obras". Se zi fia acha que precisa oferendar coisas materiais, plante uma flor ao lado de uma cachoeira e ofereça-a com amor a Oxum; vá até uma praia e oferte seu trabalho a Iemanjá, limpando seu sítio sagrado, juntando os lixos que as pessoas deixam por lá; plante uma árvore ou uma simples erva em seu quintal e oferte-a à Oxossi; visite uma creche e leve doces às crianças, além de seu carinho e estará agradando aos ibejis; preencha seu tempo vago fazendo a caridade, ajudando os mais necessitados, e estará agradando a todos os Orixás e, em conseqüência, sua vida vai melhorar e as bênçãos brotarão abundantemente. Nós recebemos da vida aquilo que a ela doamos. Todos os caminhos levam ao Pai, mas precisamos encontrar o nosso e segui-lo. Siga aquele no qual seu coração vibre de amor e de alegria.

Maria agora tinha muito o que pensar, e pensou. E mudou a partir de então, seguindo os conselhos da preta velha.

Enquanto no mundo terreno Maria seguia seu caminho, melhorando a cada dia, no mundo espiritual sua protetora, que não media esforços para ajudar sua tutelada e que para tanto até se fez visível aos seus olhos, estava feliz, pois sua própria evolução dependia da evolução de Maria.

Quando os caboclos trazem as folhas de Jurema
E os pretos velhos trazem arruda e guiné
Eles vem trabalhar na lei de umbanda
Tem licença de Aruanda pra salvar a quem tem fé.

32
Mensagem de fé — Negro Tião

Saravá a todas as bandas da nossa amada umbanda!

Salve "zi fia", que serve de ponte para nossa querida irmã, também conhecida como Vó Benta, a quem pedimos a bênção!

Negro Tião, encostado neste aparelho, vem falar um pouco sobre a fé nos sagrados orixás e seus enviados que, quando sólida, pode-se comparar a água morro abaixo em dia de tempestade, que desce rasgando o solo, formando veios e marcas impossíveis de esconder aos olhos de qualquer um.

A umbanda, que há muito vinha sendo projetada por hostes maiores, desce até nós com a finalidade de trazer uma forma simples de comunicação com o Universo e com nosso Pai Todo-Poderoso. Porém, essa senhora vestida de luz é ainda muito jovem, pois completa na próxima "lua grande" seus primeiros cem anos de tempo aqui na face da Terra.

Pela simplicidade de seu primeiro médium, Zélio de Moraes, veio trazer o alento que as religiões existentes não estavam conseguindo dar ao coração de seus fiéis. Então, essa senhora reconhecida, mas que tantos ainda insistem em esconder atrás de seus preconceitos, atua na vida dos homens não como milagreira ou como uma solução de todos os problemas materiais, mas como conselheira que resolve de forma amorosa e desinteressada tudo aquilo que pode ser resolvido dentro da Lei e de acordo com o merecimento, olhando bem dentro do coração de cada filho que lhe chega, às vezes perdido, no fundo do poço, mas que com o peito aberto busca ajuda, já cansado de bater cabeça em outros lugares. Saravamos ao saudoso Zélio, espírito guerreiro, esteja ele hoje atuando com outro nome, em outros lugares, mas que certamente está ainda tratando de seu crescimento para que possa continuar auxiliando aos filhos da Terra. Saravamos ao Caboclo das Sete Encruzilhadas!

Meus filhos, este espírito travestido de "nego véio" quer esclarecer que a simplicidade de que se reveste nossa umbanda não se traduz por ignorância de seus seguidores nem de seus mentores mas, antes e sempre, pela busca do aprendizado e desenvolvimento correto de suas linhagens. Essa simplicidade significa a facilidade de acesso às suas fileiras, sem dogmas ou segredos de difícil interpretação por aqueles a quem ainda falta instrução. A umbanda acolhe todas as camadas e todos os corações; é sábia, coerente e organizada. Aceita sem preconceitos todos os espíritos caridosos que através dela querem trabalhar em suas fileiras.

Os médiuns trabalhadores que aceitam o convite da Luz na vida da carne, compromisso esse já assumido no mundo dos espíritos, e se achegam a um terreiro, precisam, antes de mais nada, compreender que tudo de que nós espíritos desencarnados precisamos para usá-los como aparelhos é um coração simples e sincero, desprovido de orgulho, e que esteja imbuído da vontade de evoluir.

Nego véio quer dizer ainda que, dentro dessa simplicidade, é preciso buscar o aprendizado que será a força motriz a impulsionar na direção correta, pois não adianta colocar força na carroça se esta estiver sem o cocheiro para direcioná-la.

Dentro do aprendizado que a vivência mediúnica nos proporciona, é importante compreender que, quando imbuídos de vontade e amor, somos todos iguais, não merecendo destaque especial nenhum espírito encarnado ou desencarnado. E, nesse aprendizado, ainda é preciso esforço para passar nas provas, ganhando direito de subir de classe, educando-se e plantando boa semente sempre, e evitando a preguiça, pois o trabalho é constante e, às vezes, árduo.

Portanto, meus filhos, assumir a mediunidade é uma bênção, mas também uma responsabilidade que exige dedicação e respeito com as entidades que se fizerem presentes no trabalho, eximindo-se de preconceitos tolos.

A umbanda é maravilhosa seara de trabalho onde não há lugar para quem não aceita se reformar. Ela nos dá muito e só pede que nos libertemos dos grilhões que nos prendem aqui na Terra – ou seja, nossos vícios comportamentais, como a vaidade, o orgulho, a soberba e outros sentimentos que nublam nossa consciência.

Aos filhos de fé que ouvirem o chamado, que sentirem vibrar forte em seus corações a canção dos orixás, mas que se perdem nas dúvidas e medos de seguir esta estrada: adentrem o templo sagrado de vossos corações e consultem seus guias. A luz se fará, com certeza.

Não se esqueçam, meus amados: busquem na simplicidade a essência de tudo em vossas vidas e no respeito à vida de todos os seres; esse caminho os elevará até as moradas do Pai. Este é meu pedido aos filhos de fé.

Recebam a paz de Oxalá.

Saravá a todas as bandas da sagrada umbanda![1]

---

[1] Preto velho mandingueiro que atua através do médium Luis Marcelo Marchesin no Templo de Umbanda Vozes de Aruanda.

33
Tributo a Vovó Benta

Estrelinha cintilante, que nasceu de madrugada
Ela é a Vovó Benta que ilumina a minha estrada
Antes que o sol se levante, preta velha já acordou
Tirou a tramela da porta e seu avental amarrou
E com a brasa do fogo a lenha, que do chão não se apagou,
Vai benzer em nome de Deus os pequenos cujos negros
Trouxeram pros braços seus
Logo depois, ainda escuro, estão seguindo pro trabalho
Jovens, velhos, todos eles... E Vovó Benta também
Levando força e coragem, vão indo, são mais de cem
Nos canaviais, dos braços fortes, salgado suor banha a terra
Fazendo vingar a planta, cuja colheita encerra
Quando extrai o doce néctar que, como sua alma, é claro.
Da lida ninguém tem medo; são guerreiros de Zambi
Vovó Benta sabe disso, por isso não abandona
Seu povo que tanto sofre.
E de todo negro açoitado, Vovó Benta tem cuidado
Suas mãos calejadas têm levado todo amparo
Usando as ervas da mata, e às vezes até o barro
Faz de tudo bom remédio, acalmando tanta dor
Misturando a tudo isso o seu infindável amor.
Só não consegue curar do povo a ingratidão
A maldade que ainda há no coração
Em quem só tem de clara a pele, pois escura suas almas estão
Negra velha não tem tempo de pensar na própria sorte
Tem que correndo atender mais um filho de sinhá

Que está para nascer.
Quando vê aqueles olhos, eleva aos céus muda prece
Pois numa pele branquinha a alma de um negro renasce
Que a Zambi ela oferece.
O tempo passou depressa, lembra ela com emoção
Hoje ainda trabalha levando luz a escuridão.
Nessa contínua batalha, quando se faz noite escura
Uma estrela cintilante lá no céu ainda brilha, derramando seu amor
É Vovó Benta querida, curando dos filhos a dor!
Para seu aparelho ainda dita:
Segue em frente, crê e luta
Segue na Seara bendita
E quando alguém te ferir
Lembra do que diz negra velha,
– Sempre é preciso sorrir
Este meu avental branco
Servirá, filha minha
Para secar o teu pranto.
Trabalhemos pelo exemplo
Sem esperar nenhum trunfo.
Nesse momento, filha, pensa:
Zambi, que tudo enxerga,
Te dará a recompensa.